L'enfant précoce au quotidien

DU MÊME AUTEUR

Aux Éditions Payot :

Petit guide à l'usage des gens intelligents qui ne se trouvent pas très doués
Petit guide à l'usage des parents qui trouvent à juste titre que leur enfant est doué
Bien avec soi-même, bien avec les autres
Le Livre des bonnes questions à se poser pour avancer dans la vie
Réussir grâce à son intuition
Exercices pratiques pour utiliser votre intuition en toutes circonstances
Six clés pour se sentir enfin à sa place
L'Enfant précoce au quotidien

Chez d'autres éditeurs :

Petit atelier de mieux-être au travail pour salariés de tous horizons (First)
« Une autre façon de penser : l'intuition » in *Secrets de psy* (Odile Jacob)
Comment se faire des amis (Éditions 365)
La Confiance en soi (Éditions 365)
L'Obéissance (avec Aurore Aymelet, Hachette Pratique)
Les Caprices (avec Aurore Aymelet, Hachette Pratique)
Ma grand-mère avait bien raison (First)
« Non je ne suis pas une mère parfait » in *Secrets de psys* (Odile Jacob)
Prendre la vie du bon côté (Odile Jacob)

BÉATRICE MILLÊTRE

L'enfant précoce au quotidien

Tous mes conseils pour lui simplifier la vie
à l'école et à la maison

PAYOT

Retrouvez l'ensemble des parutions
des Éditions Payot & Rivages sur
payot-rivages.fr

106, boulevard Saint-Germain, 75006 Paris

Pour Camille

Introduction

Vivre avec un enfant précoce est merveilleux.

Ce sont des enfants avec qui l'on peut avoir des conversations élaborées. Ils sont futés, vifs, s'intéressent à de nombreuses choses, sont curieux de tout, posent des questions qui interpellent, sur l'origine du monde, l'existence de vie extra-planétaire, la vie quotidienne des hommes préhistoriques, ce qui fait vivre une plante… Ils ont une imagination débordante, regorgent d'idées créatives et adorent les histoires. Ils sont sensibles, ils témoignent, et ont besoin de nombreuses marques d'affection.

Autant d'expériences quotidiennes extraordinaires qui rendent la vie avec ses enfants riche et passionnante.

Vivre avec un enfant précoce est un calvaire !

Un enfant précoce ne fera jamais rien de ce que vous lui demandez s'il n'en voit pas l'intérêt et s'il n'en a pas compris le sens.

Il ne s'intéresse pas à des choses simples que les autres enfants font avec facilité. Il fait tout au dernier moment et prend pour acquis chaque événement vécu une fois.

C'est monsieur ou madame « je sais tout » qui vous tient tête, car il sait avoir raison.

Il a besoin de vous longtemps et ne semble pas autonome.

Hypersensible, il peut partir dans des crises de larmes et de colère à propos de sujets qui peuvent paraître futiles.

Vivre avec un enfant précoce demande de faire le grand écart en permanence.

Charmant et charmeur une minute, grognon et dictateur la suivante.

Investissant une activité un jour, la délaissant le lendemain.

Passant du coq à l'âne et laissant ses affaires en plan.

Rêveur et concentré.

Attachant et horripilant.

Brillant et médiocre à la fois.

Un enfant précoce, c'est en effet tout cela. Tout cela qui nous fait dire qu'il refuse et défie l'autorité, qu'il repousse les limites, qu'il est capricieux, arrogant, sûr de lui, qu'il ne montre aucune concentration lorsqu'il s'agit de travailler, qu'il se disperse et ne fait pas attention, qu'il repousse toujours tout et fait les choses *in extremis*.

Certes, cela est ce qui se voit, ce que l'on constate avec nos yeux et nos standards formatés par et pour un enfant «normal». Si un enfant normal montrait les mêmes comportements et les mêmes attitudes, alors en effet, cela voudrait dire qu'il défie votre autorité, qu'il se disperse, qu'il ne sait pas travailler… Pour un enfant précoce, ces standards ne sont pas les bons.

En effet, un enfant précoce montre un fonctionnement complètement différent, dont il importe, non seulement de tenir compte, mais surtout de mettre en valeur si l'on veut qu'il s'épanouisse et qu'il aille bien.

Cela est vrai à la maison.

Cela est vrai à l'école.

Car comment la maîtresse pourrait-elle penser que votre enfant est en train de résoudre le problème qu'elle lui a donné, alors même qu'il baye aux corneilles en regardant les mouches voler ?

Comment pourrait-elle savoir qu'il l'écoute plus attentivement en tripotant son crayon et en gribouillant, qu'en la fixant dans les yeux ?

Comment pourrait-elle croire qu'il n'a pas copié sur son voisin lorsqu'il donne le résultat d'une opération sans savoir comment il a fait ?

Comment pourrait-elle se dire qu'il ne se moque pas d'elle lorsqu'il ne sait pas donner le résultat d'une addition simple, de niveau grande section alors qu'il est en CM1 ?

Pour elle, calquant son fonctionnement sur celui de ses camarades de classe, les interprétations ne peuvent qu'être celles-ci.

Et pourtant cet enfant est différent. Différent, non pas tant dans sa « quantité » d'intelligence, que dans la manière qu'il utilise pour produire son raisonnement.

Je reçois quotidiennement des parents qui viennent afin que j'aide leur enfant, précoce[1], dans sa scolarité et plus généralement dans sa vie d'enfant. Certains m'ont demandé si je pouvais faire du soutien scolaire avec eux. Ce qui n'est pas mon rôle... tout en l'étant.

Certains me disent de but en blanc que leur enfant est précoce ; pour d'autres, cela vient dans le fil de la conversation : « ah oui, on a fait le test, mais je ne vous l'ai pas apporté, je ne pensais pas qu'il pouvait y avoir un rapport avec ce qu'il traverse. »

Tous savent donc que leur enfant est précoce.

Ils se sont, pour la plupart, abondamment documentés.

---

1. Je parlerai, pour l'instant, d'enfant précoce ; nous verrons dans un chapitre ultérieur les différentes terminologies couramment utilisées.

Certains enfants sont scolarisés dans des établissements spécialisés, ou adaptés, pour les enfants précoces.

Pourtant, ils viennent me voir.

Parce que leur enfant est en souffrance: souffrance scolaire, souffrance sociale, souffrance familiale, souffrance psychologique.

On peut se demander pourquoi leur enfant est en souffrance, alors même que sa différence est reconnue, étalonnée, validée, vérifiée.

Parce que la reconnaissance ne suffit pas.

Parce que, sous ce concept de précocité, se cache non pas une plus grande quantité d'intelligence (telle que mesurée par le test de QI), mais un fonctionnement différent qui est malheureusement trop souvent ignoré, aussi bien dans sa définition que dans les conséquences qui en résultent.

Ne pas connaître ce fonctionnement revient à nier sa précocité et à le faire fonctionner à l'envers de lui, à contraindre sa nature et à le détruire à petit feu.

Le mot est fort. Il reflète la réalité.

Une réalité que je côtoie en permanence au travers des gens que je reçois.

Les adultes d'abord.

Il y a ceux qui savent qu'ils étaient des enfants précoces et qui, pourtant, continuent de rencontrer des difficultés, un mal-être. Certains ont vécu une dépression.

Tel François, identifié précoce à l'âge de sept ans, et qui décrit ses années de jeunesse comme un calvaire, à ne pas réussir à rendre ses devoirs à temps, à tout faire au dernier moment, à cumuler les avertissements de comportement parce qu'il regardait par la fenêtre. Il s'est arrêté avant le bac. Depuis, il erre de petits boulots en contrats d'intérim, et ne sait pas comment construire sa vie.

Ou Rose, brillante étudiante, régulièrement major de promo, qui «bossait» des heures durant pour réussir, et qui, en master, a «craqué».

Jean, vingt ans, déscolarisé, désocialisé, ne sortant plus de chez lui, car ne sachant que faire dans un monde qu'il ne comprend pas et qui ne le comprend pas non plus.

Ariane, quarante ans, DRH, qui n'en peut plus de ne pas réussir à écrire sans aide, que ce soit ses e-mails, ses présentations ou ses dossiers.

Ou encore Thomas, repêché de justesse à l'agrégation car il avait refusé de rendre une copie qu'il jugeait médiocre ; Oscar qui passe du cinéma au sport en passant par la vie de barman.

Les exemples sont innombrables de ces gens qui fonctionnent à l'envers d'eux-mêmes, qui calquent leurs comportements, leurs attitudes, leurs attentes, leurs manières d'être sur celles des autres et qui en oublient qui ils sont et surtout comment ils fonctionnent.

Il y a aussi ceux qui ne savent pas qu'ils sont précoces et qui le découvrent, plus tardivement, à l'occasion d'un problème particulier, et dont la vie a été une succession d'épreuves, de complications, d'incompréhensions et de questionnements incessants.

Et puis il y a les jeunes.

Ces jeunes qui pensent savoir ce qui se cache sous ce concept de précocité.

Augustin, dix ans, en sixième dans un collège pour enfants précoces ; ou Amanda, treize ans, en troisième dans un établissement similaire, sont tous deux en dépression.

Quant à Iris, quatorze ans, elle est dans un établissement dont la section « enfants précoces » permet de faire son collège en trois ans au lieu de quatre ; elle est au bord de l'épuisement nerveux, du burn-out.

Coralie, quatorze ans, est déscolarisée, étudie un ou deux jours par semaine avec sa mère, qui m'explique « qu'étant donné qu'elle est précoce, elle assiste en auditeur libre aux cours d'informatique de l'université. »

Lorsque je les rencontre, ils m'expliquent que, oui, ils sont précoces; que, oui, ils le savent; que, oui, ils en tirent parti au quotidien et dans leur vie scolaire.

La réalité est tout autre. Ils savent, tout comme leurs parents, qu'ils sont précoces. Ils ignorent ce que ce concept recouvre en termes de fonctionnement. Ils ignorent que leur raisonnement est intuitif; ils ignorent qu'ils doivent laisser mûrir leur pensée; ils ignorent qu'ils sont plus performants en faisant tout d'un coup et au dernier moment... Ils ignorent qui ils sont et, encore une fois, ils fonctionnent à l'envers d'eux-mêmes, à contre-courant.

En gros, et en caricaturant, ils pensent qu'être précoce revient à être le premier de la classe et à être « plus » que les autres.

Ils savent, pour l'avoir lu, qu'ils présentent cette fameuse pensée en arborescence, et cette dyssynchronie, si communément décrites pour les enfants précoces.

Ils savent également qu'ils sont « intellectuellement » précoces ou à haut potentiel « intellectuel ».

Et ? Et, rien d'autre que ces lieux communs.

À tous il a manqué une reconnaissance explicite des mécanismes qui sont les leurs, des mécanismes des autres, et des outils concrets pour faire des ponts entre eux.

Et ceux qui vont bien ? Ont-ils eu, eux, cette reconnaissance et ces outils ?

En quelque sorte : oui.

Les enfants précoces qui vont bien sont ceux dont la différence est non seulement acceptée chez eux, mais assumée. Des enfants que l'on laisse faire à leur façon, que l'on valorise et encourage, que l'on ne stigmatise pas quand ils arrêtent une activité ou commencent la énième.

Des enfants qui font partie de ce que j'appellerai, de manière réductrice et caricaturale, une famille d'« extravagants ».

Comme Marc qui m'explique que dans sa famille, ils sont tous plus « fous » les uns que les autres : de la grand-mère, chercheur et précurseur, à la mère voyageuse autour du monde, en passant par le cousin ermite et l'oncle marin. Au-delà de leurs activités professionnelles, ils partagent tous le même état d'esprit d'ouverture, d'aventure, d'exploration et de respect de la personnalité d'autrui, quelle que soit la manière par laquelle elle s'exprime. Ainsi Marc est-il chef d'entreprise d'une agence de communication. « Mes études, je les ai réussies à ma façon, ne prenant aucune note, et ne faisant aucun exercice. Pourquoi faire, dès lors que j'avais emmagasiné et compris les leçons ? Et lorsque les professeurs m'en faisaient la remarque – je me souviens d'un prof de maths en math sup – je lui répondais que non, parce que je l'écoutais. J'avais cette capacité à comprendre un problème dans sa globalité, ce qui me permettait d'en donner la solution avant les autres, avant qu'ils en aient déroulé les étapes. Aujourd'hui encore je fonctionne ainsi, et mes idées, pour les clients de mon agence, me viennent alors que je me promène. »

Jacques, lui, est capable de conduire en faisant des mots croisés ou en lisant un livre, « sinon je m'ennuie tellement que je risque l'accident ! » Il ne s'est jamais posé la moindre question sur sa personnalité : « Je suis ainsi fait, c'est tout ! Les autres ? Je ne sais pas, mais on s'entend bien, ils me suivent même si ce n'est pas toujours simple, et je pense, sans prétention, qu'ils m'aiment bien. »

Entourés, aimés, ayant toujours trouvé chez eux ce port d'attache et ce havre de paix où ils se sentaient bien, encouragés et valorisés, ils ont grandi sur ce terreau chaleureux qui leur a permis d'épanouir leur personnalité.

Tout se passe donc en quelque sorte comme si l'on trouvait trois sortes de précocités : le précoce qui va bien ; le précoce qui sait qu'il l'est, qui n'en a retenu que l'aspect intellectuel, qui travaille dur pour toujours être le premier et qui fonctionne à l'envers de lui-même ; le précoce qui l'ignore.

Voilà pourquoi, en quelques mots très succincts, ma conception de la scolarité d'un enfant précoce n'est pas d'être dans un établissement particulier.

Je suis convaincue qu'il vaut mieux, pour leur bien-être et leur intégration future, apprendre à fonctionner dans le monde qui les entoure.

À leur façon !

À leur façon, cela veut dire atteindre le résultat demandé, notamment par l'enseignant, par son chemin propre.

À faire les devoirs dont ils ont besoin et pas les autres, à apprendre leur poésie à leur manière, à prendre conscience de leur fonctionnement, à en tirer parti pour enfin être eux-mêmes. Eux-mêmes et donc pas une imitation des autres dans laquelle ils perdraient leur personnalité.

Ce n'était pas possible il y a quelques années, cela l'est aujourd'hui.

En effet, non seulement chaque académie a-t-elle désormais un référent « enfant précoce », mais chaque école est ainsi tenue de mettre en place, si besoin est, un PPRE (programme personnalisé de réussite éducative) comme pour tout enfant en difficulté.

En termes pédagogiques, des préconisations existent, regroupées en trois pôles : accélération, enrichissement, approfondissement. Le tout dans un programme particulier.

Ces trois options sont fondamentales et fonctionnent. Sauf que leur manque un cadre quotidien.

Comment, en effet, aider un enfant précoce si l'on ne lui fournit pas des outils appropriés à son fonctionnement ?

Des outils qui lui permettront de faire ce que l'on attend de lui, à sa façon, par son chemin propre, d'être efficace à sa manière.

Ainsi, sachant ce que l'on attend d'eux et comment ils peuvent y parvenir, les enfants précoces seront-ils épanouis aujourd'hui, et demain une fois adultes.

Mode d'emploi

Ce livre est conçu sous forme de fiches que vous pourrez utiliser selon vos besoins et ceux de votre enfant : vous aurez besoin de certaines à un moment, d'autres plus tard, et sans doute pas de toutes. Piochez en fonction de ce que vous « sentez » et surtout n'hésitez pas à les adapter, les personnaliser et les retravailler pour en faire des outils personnels. Inventez-en de nouvelles et encouragez votre enfant, félicitez-le et entourez-le en lui procurant un contexte chaleureux.

Utilisez chaque fiche de la façon suivante : faites les exercices une fois avec votre enfant, puis laissez décanter. Soit il aura à nouveau besoin de vous pour l'aider, et vous recommencez selon le même processus, soit il aura intégré le principe et saura faire par lui-même.

Vous trouverez également un test basé sur les attitudes et les manières d'être de votre enfant que j'ai élaboré au cours de ma pratique quotidienne.

PREMIÈRE PARTIE

Parlons peu, parlons bien !

Dans la conception actuelle, la définition d'un enfant précoce est la suivante : un enfant neurodroitier qui présente un QI de plus de 125 (plus de 130 pour certains).

Cela veut dire deux choses :

- qu'il montre un fonctionnement intuitif (à la manière d'Archimède) ;
- qu'il a une plus grande « quantité » d'intelligence.

Les termes d'« intellectuellement précoce », de « surdoué », de « haut potentiel » ou de « haut potentiel intellectuel » sont indistinctement utilisés.

Chacune de ces expressions correspond à l'un des aspects des enfants, sans en révéler la globalité. Il n'existe, à l'heure actuelle, aucune terminologie parfaitement exacte.

Le terme retenu par l'Éducation nationale est celui d'enfant intellectuellement précoce, abrégé en EIP.

Il se rapporte au fait que ces enfants montrent un développement intellectuel, tel qu'évalué par le QI, en avance sur leur âge civil.

Cependant, le terme de précocité laisse entendre que ces enfants acquièrent un certain nombre de compétences avant l'âge auquel les autres enfants les acquerront. Partant, il est légitime de se dire qu'une fois que tous les enfants possèdent ces acquis, il n'existe plus de différences. Si je prends l'exemple de l'acquisition de la marche par le petit enfant, certains acquièrent cette capacité vers neuf à dix mois, d'autres vers quatorze à quinze mois, avec une moyenne autour de douze mois. Certains sont donc plus précoces, plus en avance dans l'acquisition de la marche que d'autres. Évidemment, lorsque tous les enfants ont, disons trois ans, et qu'ils savent courir, il n'existe plus aucune différence, et il est même impossible de savoir qui marchait le plus tôt.

Il n'en va pas de même pour la précocité intellectuelle. Cette avance, qui serait une spécificité essentielle des EIP, ne diminue pas au fil du temps et l'enfant n'est donc pas « rattrapé » par les autres. La raison en est que les EIP ont, comme nous l'avons dit précédemment, un fonctionnement très différent.

Cette raison conduit à parler plus volontiers d'enfant à « haut potentiel », terminologie retenue notamment en Belgique.

Les pays anglo-saxons quant à eux utilisent les expressions *gifted* (doué) et *talented* (talentueux), qui évitent un certain nombre de confusions.

1
De quoi parle-t-on ?

Comme je l'ai dit, la conception actuelle de la précocité retient deux critères qui sont la quantité et la forme de l'intelligence.

Le premier est mesuré par le test de QI, le WISC IV (Wechsler Intelligence Scale for Children, ou échelle d'intelligence de Wechsler pour enfants et adolescents) pour des enfants de six à seize ans inclus.

Il mesure certaines capacités intellectuelles à travers un choix d'épreuves notées. Ces notes sont relativement bonnes prédictrices de la réussite scolaire. Combinées entre elles, elles fournissent un indice de quotient intellectuel total.

Si le test est passé dans de bonnes conditions, les résultats seront révélateurs de l'efficience intellectuelle de l'enfant. Si ce n'est pas le cas, qu'il existe de l'anxiété, que l'enfant n'est pas à l'aise, que le psychologue est plutôt froid et mécanique, alors les résultats, biaisés, ne seront pas représentatifs de la réalité.

Il n'est pas rare de constater que l'hypersensibilité des enfants précoces les conduit à un blocage.

Quatre grands domaines sont évalués.

L'indice de compréhension verbale mesure l'aptitude de l'enfant à former des concepts verbaux. L'indice de raisonnement perceptif mesure le raisonnement logique, la capacité d'organisation visuelle et spatiale. L'indice de mémoire de travail évalue les capacités d'attention, ainsi que la capacité à retenir l'information et à effectuer des opérations sur les informations stockées en mémoire. L'indice de vitesse de traitement mesure la vitesse de traitement des informations.

50 % de la population obtient un quotient intellectuel de 100.

Les enfants se situant entre 110 et 129 sont considérés avec une intelligence moyenne forte à supérieure et ceux qui ont une intelligence égale ou supérieure à 130 sont considérés comme très supérieurs.

Les enfants se situant entre 90 et 110 sont considérés avec une intelligence moyenne.

Les enfants se situant entre 70 et 90 sont considérés avec une intelligence faible à moyenne faible.

En dessous de 70, l'intelligence est considérée comme faible.

Courbe de normalité

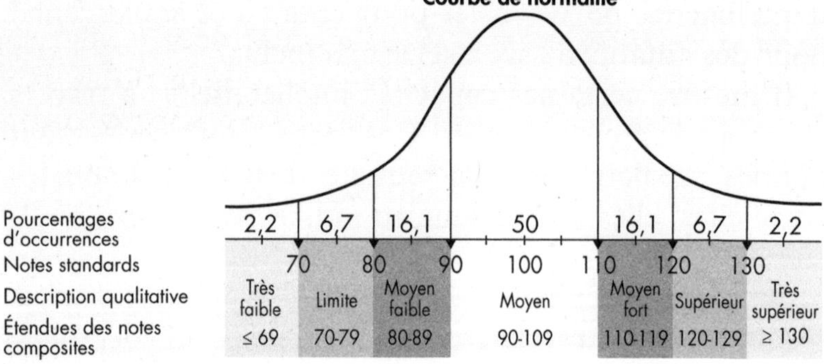

Selon les auteurs, le seuil de précocité est à 125 et représente 5 % de la population, ou à 130 (2,5 % des enfants). Un QI supérieur ou égal à 145 correspond à 0,13 %.

Cela est la théorie.

La réalité est tout autre.

Il n'est pas rare que le résultat au test ne soit pas représentatif, voire inverse de la réalité.

C'est ainsi que Lucas, douze ans, devait effectuer un nouveau bilan quatre ans après le précédent. Je vois un adolescent futé au regard malicieux, et pourtant déjà désabusé. Lors de son premier bilan, il obtint un résultat de 80. Dès lors, il se considère et est considéré comme un « débile ». Une relation de confiance s'étant établie entre nous, il se montre à l'aise et son résultat est de 135 !

De même Aurélien, dépisté précoce à l'âge de huit ans avec un QI de 145 est-il quelques années plus tard « devenu » normal, avec un QI de 112 à 14 ans.

Que dire encore de tous ces enfants testés et dont le compte rendu indique « QI non mesurable », ou encore, « QI non significatif » ?

Comme si l'on vous plaçait sous la toise et que l'on vous disait : « Désolé, je ne peux pas vous mesurer ! » Ou que, d'un jour à l'autre, vous soyez passé de nabot à géant, et inversement !

Pour moi, un test fiable devrait au minimum être fiable et fidèle, ce qui n'est pas forcément le cas, notamment en ce qui concerne les enfants précoces.

Alors ? En continuant l'image de la toise, je dirais que soit vous êtes debout et que l'on mesure effectivement votre taille, soit vous êtes recroquevillé et l'on ne mesure rien de bien intéressant.

Dans la pratique, nous savons que ce test a des limites. Celles-ci notamment, plus des limites liées à la construction du test et à la personnalité des enfants précoces.

Ainsi, l'un des sous-tests mesurant la vitesse de traitement des informations consiste à dire, le plus vite possible, si un symbole est présent, ou non, dans une liste de dessins. L'enfant précoce, perfectionniste, voulant bien faire et ne voulant donc pas se tromper, ira lentement : au final, il n'aura commis aucune erreur (ou très peu). Les autres enfants se dépêchent, commettent un grand nombre d'erreurs et obtiennent proportionnellement de meilleurs scores.

D'autre part, l'on sait la fluidité verbale d'un enfant précoce. Aussi son indice verbal est-il très souvent beaucoup plus élevé que les trois autres indices, et notamment celui de la vitesse de traitement. L'on obtient ainsi une différence de plus de 15 points, différence invalidant en théorie automatiquement le calcul du QI. Au lieu de les traduire en déficit (ce qui est le cas pour les autres enfants), l'hétérogénéité du profil est normale chez un enfant précoce.

D'autre part, la construction du test historique ne permet pas de mesurer la créativité, l'imagination, l'ouverture d'esprit, ou la capacité à dépasser un problème pour le recentrer dans une perspective plus générale, qualités pourtant présentes chez les personnes à haut potentiel.

Enfin, le test construit pour mesurer l'intelligence d'une population générale s'est basé sur le fonctionnement du plus grand nombre, à savoir d'individus présentant une pensée linéaire et un raisonnement logico-mathématique.

Du fait de la particularité de leur fonctionnement, le dépistage des enfants précoces s'en trouve plus complexe.

C'est pour cela qu'il faut ajouter un dépistage lié aux caractéristiques comportementales de leur fonctionnement : pensée intuitive et par association d'idées, imagination et créativité, mémoire, langage...

Vous trouverez dans le chapitre dédié aux enseignants des exemples de telles grilles, adaptées au contexte scolaire, qui vous donnent une vision de ce qui est à mettre en lumière.

Dans un environnement plus familial, c'est vous qui êtes le spécialiste de votre enfant et de ses comportements.

C'est pourquoi, vous trouverez tout au long de votre lecture des petites questions concernant votre enfant : elles appartiennent à un test que j'ai élaboré grâce à tous les enfants avec qui j'ai travaillé. Il s'agit d'un questionnaire inédit que mon expérience m'a permis d'élaborer et que j'utilise dans ma pratique quotidienne.

Ce test est basé sur les comportements des enfants précoces, sur leur manière, différente, de fonctionner.

S'y trouvent différentes situations décrivant, à chaque fois deux exemples de réactions possibles : il n'y a pas de bonne ou de mauvaise réponse, chacune conduisant au résultat.

Aussi cochez celui qui vous parle et dont vous sentez que votre enfant est proche.

Je vous offre la totalité de ce test : répondez-y au fur et à mesure de votre lecture. La grille de réponses se trouve à la fin, page 273, où vous n'aurez qu'à reporter les réponses que vous aurez données.

Vous y trouverez également la grille de dépouillement d'interprétation des résultats.

2

Tous les enfants ne sont pas coulés dans le même moule

Pourquoi comparer enfant précoce et enfant scolaire?

Souvent, l'entourage considère que l'enfant précoce, puisqu'il est intelligent, «n'a qu'à» faire un effort et réussir. Ou, à l'inverse, que s'il était si intelligent, il serait premier de classe!

Si c'était si simple, il le ferait!

Toutes proportions gardées, c'est comme si l'on demandait à un enfant de réussir et de se sentir à l'aise dans une classe entièrement composée de déficients mentaux. J'ai bien conscience de toute la difficulté à entendre cette comparaison. Elle est violente. Elle est juste. Par définition de l'intelligence, il y a quantitativement la même différence: la moyenne se situe à 100, la déficience commence à 70 et la précocité à 130.

Cependant, la différence entre un enfant scolaire et un enfant précoce ne réside pas uniquement dans une différence de «quantité» d'intelligence, mais dans une manière de fonctionner et de raisonner.

L'efficacité à l'école et les performances intellectuelles ne sont pas forcément liées, et donc un élève «brillant» n'est pas forcément intellectuellement précoce. De même un enfant précoce n'est pas forcément brillant ou en réussite scolaire.

Deux précoces par classes

Certains enfants précoces ne seront jamais identifiés comme tels, ou alors une fois adultes.

Pour ceux que l'on connaît, le parcours peut être chaotique. En effet un tiers est en échec scolaire en fin de troisième, un tiers a un parcours brillant, et un tiers est plutôt anonyme.

50 % présenteront un jour des difficultés et 30 % n'atteindront pas le lycée.

40 % mènent des études supérieures (bac + 2), environ 10 % s'arrêtent au bac, et environ 40 % obtiennent un BEP ou un CAP.

Les choses se dégradent à partir du collège. En effet, à la fin du primaire, environ 75 à 85 % sont brillants, 13 % sont moyens et seulement 2 % sont en échec.

Il y aurait un à deux enfants précoces par classe.

On recense deux à trois garçons identifiés pour une fille qui le sont souvent par hasard. En effet, elles internalisent plus, sont plus scolaires et appliquées, se fondent plus dans le groupe, et sont plus anonymes. Elles fonctionnent ainsi en dessous de leurs capacités. Elles se suradaptent, voire se sabotent, cachent leur souffrance, ne veulent pas être différentes de leurs copines et ne dérangent pas en classe.

Les garçons, quant à eux, deviennent turbulents.

Comment « eurêka » vint à Archimède

Un enfant précoce ne réussit pas toujours son parcours scolaire.

Souvent, les enseignants haussent les épaules lorsque les parents viennent les trouver pour leur dire que leur enfant s'ennuie (ce qui est d'ailleurs, et nous y reviendrons, une terminologie d'adulte, les enfants eux-mêmes n'ayant pas forcément ce sentiment).

Or la réalité est, par exemple, qu'un enfant scolaire a besoin d'environ huit répétitions pour mémoriser un concept, quand un enfant précoce en a besoin d'une ou deux, et un enfant en difficulté d'une quinzaine.

Essayez de demander à quiconque d'écouter huit fois la même blague au cours d'une soirée ! Votre interlocuteur va soit se demander ce qu'il fait là, soit penser que vous avez un problème de mémoire…

La différence fondamentale entre un enfant scolaire et un enfant précoce réside dans sa façon de raisonner.

Je prends régulièrement comme exemple, pour poser les idées, une comparaison entre Archimède et Rodin.

L'enfant scolaire, représenté ici par Rodin, utilise un raisonnement séquentiel, linéaire : d'un élément, il va déduire le suivant.

C'est le raisonnement logico-mathématique, tel qu'il est traditionnellement enseigné à l'école.

1. Je lis ma leçon
2. Je l'apprends
3. Je prends un brouillon
4. J'écris le titre
5. J'identifie mes trois parties
6. Je les rédige

Plan :

1. PRÉSENTATION GÉNÉRALE

2. L'INTRODUCTION
2.1 Structure
2.2 Présentation/Langue
2.3 Quelques exemples d'introductions

3. LE DÉVELOPPEMENT
3.1 Structure : les transitions
3.2 La langue

4. CONCLUSION
4.1 Structure
4.2 Quelques exemples de conclusions

Cet enfant scolaire sait ce que l'on attend de lui, il comprend bien les consignes, il fait ce que l'enseignant lui demande. Il sait argumenter et justifier son résultat. Il aime avoir un point de départ, des étapes claires ; il devient vite perdu s'il n'arrive pas à concevoir la procédure à suivre. Il écoute généralement les explications jusqu'au bout et travaille en suivant les étapes données.

L'enfant précoce serait représenté par Archimède en train de «rêvasser» dans sa baignoire.

Archimède, loin d'être sot, dispose bien évidemment de nombreuses connaissances, des informations qu'il a glanées ici et là. Étant tranquillement dans sa baignoire, il pense, sans y penser, tout en y pensant, à sa problématique de thermodynamique. Il regarde ses pieds, se délasse…

En bruit de fond, son cerveau fonctionne et amalgame, sans lui – c'est-à-dire sans sa pensée consciente – les morceaux du puzzle (les informations) qui l'intéresse. Quand le travail est achevé, «eurêka» le résultat lui «tombe de la tête»!

Archimède montre ce que l'on appelle le raisonnement intuitif, un raisonnement dans lequel les informations emmagasinées s'assemblent toutes seules.

Archimède ne serait pas un élève scolaire, en cela qu'il a besoin d'une vision globale, de savoir où il va, et pourquoi il y va, pour aboutir son raisonnement.

Il a besoin de faire plusieurs choses en même temps, ou de rêver, ce qui est loin d'être apprécié dans le système scolaire.

Il est capable d'être bon élève s'il est intéressé.

Il retient ses leçons sans les apprendre.

QUESTION 1

Mélanie et Jeanne ont toutes deux fait un voyage en France. Lorsque un an après on leur demande comment il s'était déroulé

- ☐ a) Mélanie dit qu'elle allait voir ses cousins et qu'elle ne sait pas si elle avait fait une étape avant d'arriver.
- ☐ b) Jeanne raconte l'étape qu'elle avait fait, le musée qu'elle a visité, le restaurant où elle a dîné et décrit en détail l'hôtel ainsi que la ville.

Ce que l'on observe

S'il ne montrait aucune problématique et si sa personnalité s'exprimait idéalement, voici ce que l'on observerait.

L'enfant précoce est un enfant qui pose de nombreuses questions, qui montre une insatiable curiosité et qui s'intéresse à tout.

Il est, en quelque sorte, « branché » en permanence sur le monde qui l'entoure, ce qui lui confère une plus grande conscience de lui et des autres. Y compris de la finalité de la vie. Margaux, elle, l'avait compris et intégré dès l'âge de 3 ans. Peur de l'abandon, pour les autres. Réalité pour l'enfant précoce qui se construit en sachant (c'est une vérité) que tous, lui y compris, disparaîtront un jour. D'où certaines de ses angoisses, légitimes donc et de ses comportements qui n'ont pour but que de lui montrer que vous êtes bel et bien là. Il vous appartient donc, vous ses parents, de le rassurer en permanence pour qu'il grandisse en sachant que vous serez toujours là pour lui, d'une façon ou d'une autre.

Attentif, l'enfant scolaire apprend pour apprendre (c'est le but à l'école) ; l'enfant précoce n'apprend que s'il est intéressé, si cela présente un intérêt, a du sens.

Classiquement, les tables de multiplication posent un problème : non pas que sa mémoire lui fasse défaut ou qu'il ne puisse la mobiliser sur ce sujet. Non, il n'en voit pas l'intérêt : « Pourquoi s'encombrer la tête de choses inutiles ? », « Ça ne sert à rien puisque l'on peut les retrouver ? ».

Résultat, il n'essaie même pas !

Jusqu'à ce qu'il en comprenne l'intérêt et/ou qu'on lui fournisse un moyen approprié. Auquel cas, il ne lui faudra que quelques dizaines de minutes et il les saura pour la vie entière.

Enfant solitaire	**Enfant précoce**[1]
Connaît les réponses	Pose les questions
Est intéressé	Est très curieux
A de bonnes idées	A des idées folles
Travaille dur	Batifole mais a de bons tests
Répond aux questions	Discute les détails, élabore
Fait partie du groupe de tête	Est en avance du groupe
Écoute avec intérêt	Fait montre d'opinions affirmées
Apprend facilement	Sait déjà
Six à huit répétitions pour maîtriser	Une à deux répétitions suffisent
Comprend les idées	Conçoit des abstractions
Aime ses pairs	Préfère les adultes
Comprend le sens	Tire des conclusions
Termine ses devoirs	Prend l'initiative de projets
Est réceptif	Est intense
Copie convenablement	Crée du nouveau
Aime l'école	Aime apprendre
Absorbe l'information	Manipule l'information
Est technique	Est inventeur
Mémorise bien	Devine vite
Apprécie les présentations séquentielles directes	Se complaît dans la complexité
Est vif, éveillé	Est un observateur astucieux
Est heureux	Est hautement critique de lui-même

1. D'après Janice Szabos

3

Un adieu aux idées reçues

Les parents comme les enseignants ont de nombreuses idées, souvent erronées, sur ce qu'est un enfant précoce, et vont donc avoir des attentes qu'il ne peut pas satisfaire.

► « C'est un adulte dans un corps d'enfant. »

Ce n'est qu'un enfant qui, comme tous les enfants, a besoin d'être considéré comme tel, de jouer, de ne pas être parfait. Même s'il partage avec ses parents des sujets d'une plus grande maturité.

► « Il doit être autonome. »

Sa maturité intellectuelle est souvent un piège pour l'adulte qui naturellement le « vieillit » et lui demande des comportements qui ne sont pas de son âge. C'est un enfant qui a besoin de soutien et d'accompagnement.

► « S'il était précoce, il serait le premier de la classe. Qu'il le prouve donc et fasse enfin ce qu'on lui demande ! »

Nous avons dit qu'un tiers de ces enfants vont bien et ont de bons résultats, qu'un tiers s'en sortent tout en présentant des résultats moyens et qu'un tiers sont en échec scolaire.

Il faut bien comprendre qu'un enfant précoce ne montrera rien de ce qu'il sait faire tant qu'il n'en voit pas l'intérêt et considère donc que ce qu'on lui demande est « bête ».

► « Les autres enfants précoces que j'ai eus en classe faisaient ce que je leur demandais. Que le vôtre fasse pareil. »

Alors ce n'étaient sans doute pas des enfants précoces, mais des enfants brillants qui, eux, savaient ce qu'on attendait d'eux.

► « Puisqu'il comprend tout, pourquoi ne répond-il pas à la question ? »

Il ne comprend souvent pas le sens de la question, soit qu'il la prenne au pied de la lettre, soit qu'il la complexifie pour lui trouver un sens.

Il répond donc soit avec confusion, soit avec lenteur, soit donne une réponse fausse.

► « C'est un enfant surstimulé que ses parents poussent ! »

La surstimulation ne doit pas être confondue avec l'ouverture d'esprit et la curiosité. Les parents connaissent et savent accompagner leur enfant.

Ne pas confondre avec des enfants surstimulés qui cumulent moult activités, sans que la demande ne vienne d'eux-mêmes.

► « Le psy a dû se tromper dans les résultats de son test. Il n'est pas surdoué, bien au contraire. »

Le psy ne peut pas se tromper au test : le test d'intelligence est le même pour tous, et pour tous les pays. Sa passation est codifiée de telle façon qu'il n'y ait aucune interprétation possible de la part du psychologue qui le fait passer.

► « Puisqu'il est précoce, tout est facile pour lui et il n'a aucune difficulté. »

Sa plus grande difficulté est de fonctionner dans un monde majoritairement autre, qui ne le comprend pas et qu'il ne comprend pas. Cela crée de grandes souffrances, qui perdurent jusqu'à l'âge adulte. De plus, être précoce n'est pas une garantie contre des pathologies.

► « Il est immature. »

Les enfants précoces peuvent être très matures pour certains aspects et très immatures pour d'autres, notamment les besoins affectifs. On appelle cela la dyssynchronie.

► « Il doit apprendre qu'on ne fait pas toujours ce qui nous plaît, ni ce que l'on choisit et que la vie est dure. »

Pourquoi ? N'avons-nous pas tous vocation à être heureux et donc à faire ce que nous aimons ?

A fortiori l'enfant précoce, qui ne peut pas (c'est bien d'une incapacité qu'il s'agit) fonctionner sans motivation, sans compréhension et sans sens intrinsèque.

► « Puisqu'il est plus intelligent que les autres, qu'il s'adapte ! »

C'est bien ce qu'il fait depuis qu'il est né. Et, pour cela, bravo, car il est plus « costaud » que nombre d'autres enfants.

S'adapter, dans ce mauvais sens, revient, en somme, à fonctionner bien en dessous de ses capacités, et à développer des sentiments de frustration, d'amertume, d'aigreur, voire tout simplement de sous-réalisation, donc de perte d'estime et de confiance.

S'adapter dans le bon sens du terme doit plutôt être d'accepter les différences, ce qu'il fait, de s'y adapter pour tisser des liens, ce qu'il sait faire. C'est plutôt aux autres à faire la même chose : le reconnaître pour ce qu'il est et accepter ses différences sans vouloir ni les supprimer ni les niveler.

► « Il est étourdi, n'écoute pas et ne sait pas se concentrer. »

Demandez-lui de répéter ce que vous avez dit. Il le saura presque à tous les coups.

En effet, soit il doit faire plusieurs choses à la fois, (ses ressources attentionnelles ne sont activées que lorsqu'elles sont orientées sur plusieurs sources), soit il doit se couper de son environnement.

► « C'est un intello mauvais en sport ! »

Pas nécessairement. C'est une idée reçue qu'on ne peut qu'être l'un ou l'autre. J'ai notamment rencontré un adolescent faisant partie de l'équipe de France de basket, et une adolescente en passe d'intégrer celle d'escrime, quant à une autre, championne d'Île-de-France de gymnastique. Tout en étant bons élèves.

► « Nous n'avons pas le mode d'emploi. »

C'est certain, mais observez-le avec bienveillance et vous saurez qu'il ne pense pas à mal. Bien au contraire.

► « C'est un intello ! »

Non. Il est vrai que le terme retenu en France est celui d'enfant intellectuellement précoce. En réalité, ils savent également être très manuels (Éric, cinq ans, réalise des maquettes extrêmement élaborées) et ne sont donc pas seulement intellectuels.

► « Il est insolent. »

C'est une étiquette, comme celle de « prétentieux », et tant d'autres qui ne lui correspondent pas, et qui est aux antipodes de sa personnalité. Ce sont souvent des enfants, puis des adultes, qui montrent de grandes valeurs humaines.

Il peut paraître insolent quand il vous répond en vous démontrant par A + B que vous avez tort, ou en répondant littéralement à votre question, car il ne sait pas décrypter l'implicite.

À toutes ces idées reçues, une seule clef : la compréhension de votre enfant, de son mode d'emploi. Car vous avez besoin de l'accompagner sur son chemin, c'est-à-dire de lui donner le mode d'emploi du monde qui l'entoure : l'aider à le comprendre et lui donner des stratégies pour s'y sentir bien.

4

Où il est question de motivation, car il est impossible de faire sans !

Aucun enfant ne vient au monde avec le mode d'emploi, encore moins votre enfant précoce.

Néanmoins, en voulant un enfant, vous saviez que vous auriez à l'accompagner, lui et pas un autre, dans son cheminement d'être humain.

Vous n'avez (n'aviez) certes pas son propre mode d'emploi, mais vous avez mieux que cela : la connaissance de lui-même.

Car c'est vous qui vivez avec lui au quotidien et, de ce fait, vous le connaissez mieux que quiconque.

Faites confiance à votre sens de l'observation, votre instinct de parent, et vous saurez que j'ai raison.

Tous les professionnels que nous sommes n'y changeront rien : vous êtes les meilleurs connaisseurs de votre enfant. Nous ne pouvons que vous donner des pistes que vous adapterez en fonction de vos besoins : il y a donc une mise en commun de nos expertises mutuelles.

À vous donc de voir de quels outils votre enfant peut avoir besoin et comment vous pouvez l'aider à les utiliser, quelle peut être sa motivation.

En effet, sans motivation, sans en voir l'intérêt ni le sens, il y a fort à parier que tous les outils que je vous donne ici ne serviront pas beaucoup.

Vous pouvez cumuler plusieurs pistes selon les situations et les tâches demandées.

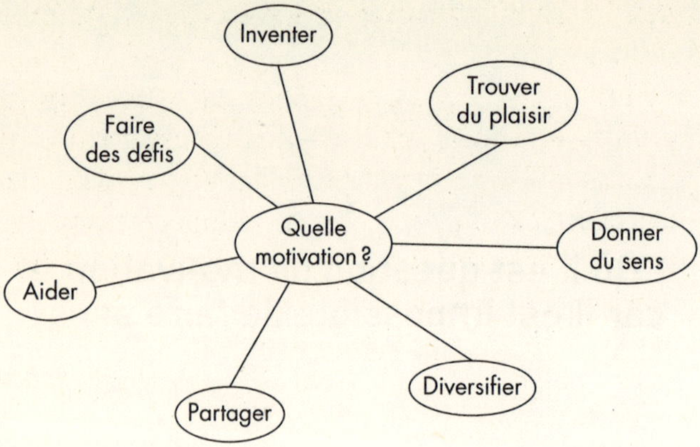

Essayez de valoriser le plaisir (jouer de la musique et non pas travailler son piano) inhérent à chaque travail, qu'il soit direct ou secondaire à la satisfaction qu'il en retirera. Ce peut également être le plaisir de faire plaisir.

N'oubliez jamais de donner du sens en englobant le travail demandé dans une perspective globale, en donnant des exemples précis d'utilisation quotidienne (les additions et les soustractions en rapport avec l'achat de bonbons chez la boulangère).

Diversifiez les supports d'apprentissage pour, en même temps, les approfondir et les enrichir : utilisez Internet pour apprendre la leçon sur le Moyen Âge au travers de la construction d'une ville médiévale.

Faites-le partager ses connaissances avec la classe, sous forme de présentation de ses activités (offrir des *fortune cookies* après être allé au Nouvel An chinois), exposer un sujet qui lui tient à cœur.

Qu'il devienne le tuteur d'un enfant en difficulté à qui il peut expliquer les notions que lui-même possède déjà. En retour, l'élève « coaché » pourra lui expliquer les implicites des consignes qu'il ne perçoit pas.

Donnez-lui des défis en lui proposant de résoudre des énigmes mathématiques, ou en lui offrant un roman « à tiroirs » chacun s'ouvrant par la résolution d'un problème particulier.

Laissez-le inventer mille et un outils et manières de fonctionner.

Faites-lui confiance, écoutez-le et tenez compte de ce qu'il vous explique ; laissez-lui un espace de liberté, qu'au moins à la maison votre enfant puisse être lui-même ; décentrez le problème en le laissant par exemple avoir un animal qui deviendra un compagnon de jeu et le fera penser à autre chose.

QUESTION 2

Hervé et Anne prennent leur petit-déjeuner. Leur maman a ouvert la bouteille de lait la veille.

- ☐ a) Hervé trouve le lait tourné et s'énerve devant l'entêtement de sa mère à lui affirmer le contraire.
- ☐ b) Anne boit son chocolat et en laisse un fond. Sa mère le termine et le recrache, car il est tourné.

DEUXIÈME PARTIE

À la maison

Il n'y a pas qu'à l'école que l'enfant précoce est différent.

Il l'est. Point. En permanence. Dans toutes ses attitudes, ses manières d'être. Il l'est dans son sommeil, lors des repas, le matin pour s'habiller, dans le bain ou sous la douche, pour ranger ses affaires, lire, jouer...

Il l'est dans sa quintessence.

Vouloir le comparer aux autres enfants, avoir les mêmes demandes, avec les mêmes mots et les mêmes attentes, vous conduira, vous et lui, à des incompréhensions et des conflits.

Observez-le, vous le connaissez, et vous verrez qu'il ne pense pas à mal, que vous pouvez lui faire confiance, car il est plein de bonne volonté.

Lui manque, comme ils me le disent souvent, le mode d'emploi : « Je veux bien faire ce qu'on me demande, mais je ne sais pas comment faire. »

Ôtez toutes les étiquettes stéréotypées de votre langage et de votre discours : il n'est pas fainéant, ni mal élevé, ni dispersé ; il ne manque pas de concentration ; il n'est pas prétentieux.

Il sait faire preuve d'attention ; il est structuré, à sa façon, sa mémoire est remarquable ; il n'est pas impertinent, mais pertinent ; il est profondément humain et juste, sensible, touchant et attachant, attentionné.

Aussi mettez toutes ces qualités en avant et aidez-le, apprenez-lui à fonctionner dans un monde qui lui est étrange et étranger : donnez-lui-en le mode d'emploi, les codes sociaux, les règles de vie en communauté, et aidez-le à décrypter les attitudes de ses semblables qui sont bien loin de ce qu'il ressent.

Il a intrinsèquement cette notion métaphysique du temps qui passe et de la vanité de l'existence, de la vie et de la mort, et ne conçoit pas que l'on puisse volontairement causer du tort et faire du mal à autrui. Il est donc profondément déstabilisé lorsque les autres adoptent ces comportements. Ce n'est pas de la sensiblerie, mais de la sensibilité et un réel bon sens… que tous ne partagent malheureusement pas !

5

L'enfant grand écart

J'entends souvent dire que l'enfant précoce, ou l'adulte qu'il est devenu, aliène sa personnalité en s'adaptant aux autres, donc en s'oubliant.

J'avoue ne pas partager ce point de vue. En effet, l'enfant précoce est un enfant qui s'intéresse à tout, dont la curiosité est sans limites, et qui, par essence, montre une personnalité multifacette.

Il est ainsi capable d'aimer tout et son contraire, d'aimer un jour passer des heures à lire, et rester des jours ensuite sans lire une ligne; aimer découvrir le monde et rester chez lui…

Être à l'aise dans les différents compartiments de sa vie en s'y adaptant est pour moi le reflet de son aisance relationnelle et de son intégration sociale.

L'ENFANT AVENTURIER

L'enfant précoce est un enfant qui montre de nombreux centres d'intérêt. Faisant preuve d'une grande ouverture d'esprit, ses champs d'exploration sont infinis, ce qui ne veut pas dire qu'il les investira sur la durée.

Il est capable de déplacer des montagnes et de se concentrer particulièrement longtemps à condition qu'il soit motivé et qu'il trouve un sens à ce qu'il fait.

S'intéressant à tout, il a besoin que vous nourrissiez sa curiosité.

Considérez-vous comme un guide touristique lui faisant découvrir le monde.

Le monde est pluriel et nous sommes obligés de le séquencer par commodité et raccourci de pensée. Aussi, ne laissez pas votre enfant penser que le monde ne peut être décrit que par une discipline, mais faites-lui découvrir sa globalité : initiez-le aux sciences, géologie, astronomie, sciences du vivant… autant qu'à la culture, musique, théâtre, opéra, art… sans oublier les sciences humaines, philosophie, métaphysique, sociologie, psychologie… ni le sport ou les activités manuelles, la cuisine et le jardinage.

Cela peut sembler astronomique, mais en réalité, il vous suffit d'une initiation générale, et vous n'approfondirez que les sujets qui lui plaisent plus.

Utilisez tous les moyens à votre disposition, DVD, vidéos sur Internet, sites d'information, livres, revues… les ressources sont infinies, sans oublier la découverte réelle.

L'ENFANT CASANIER

Par contre, s'il est capable d'enfiler son casque d'explorateur, votre enfant a également besoin de rester tranquillement chez lui à ne rien faire, à jouer avec ses affaires, à rêvasser et à traînasser toute la journée.

Son cerveau, toujours en activité, a besoin de ces moments de calme et de détente pour digérer les nombreuses informations qu'il prend en compte en permanence.

À l'image d'Archimède qui doit être détendu pour produire son fameux « eurêka », votre enfant montre ce besoin impératif de souffler, de laisser mûrir ses idées.

Son cerveau est en quelque sorte le processeur de l'ordinateur qui compile les données en bruit de fond.

Sans ces moments de « rien » apparent, votre enfant risque l'épuisement cognitif.

TOUT M'INTÉRESSE: DES JEUX DE TOUS LES ÂGES

Un enfant précoce n'est pas un adulte miniature. C'est peut-être une lapalissade, mais c'est un enfant et, à ce titre, il a besoin de jouer.

Sa personnalité multiple lui confère notamment le besoin d'avoir des jouets et des jeux d'âges différents.

Thomas a treize ans et refuse que sa maman retire les Lego de son enfance, avec lesquels il continue de jouer. Ce qui ne l'empêche pas de jouer au tarot, aux jeux vidéo et aux jeux de sa tranche d'âge.

L'enfant précoce présente ainsi différents âges: des jeux et jouets de sa petite enfance, qui sont liés à sa mémoire, à ses souvenirs, et dont il a besoin; des peluches en pagaille; des jeux d'adulte; des jouets stimulant l'imagination et l'emmenant dans un pays imaginaire; des jeux et jouets scientifiques pour réaliser des expériences; sans oublier les bricolages, travaux d'art plastique dans lesquels il peut laisser libre cours à sa créativité…

NOURRISSEZ MON CERVEAU : DES LECTURES APPROPRIÉES

De même ses lectures sont-elles le reflet de cette personnalité multifacette.

Il a aimé dès la maternelle que vous lui lisiez des livres de la Bibliothèque rose, ou verte, et, aujourd'hui qu'il sait lire, vous le voyez se complaire dans les albums d'enfant ?

Il aime à lire et relire les histoires qui ont bercé son enfance et qu'il garde gravées dans sa mémoire avec votre intonation faisant les différentes voix et rendant vivante votre lecture.

Longtemps encore aura-t-il besoin de vous pour lui lire ces mêmes histoires avec ces mêmes effets de voix.

De plus, sa lecture étant moins rapide que ses pensées et que certaines des lectures correspondant à ses centres d'intérêt, il vous revient encore de l'aider à lire des livres de quelques années au-dessus de son niveau de lecture, tout en le laissant lire ceux de sa tranche d'âge.

N'oubliez pas que l'école est également un centre de partage, et qu'il ne peut pas toujours être décalé : il a besoin des mêmes sujets de conversation que ses camarades, aussi laissez-le lire des livres « sociaux » que tout le monde lit.

N'OUBLIEZ PAS DE M'ENRICHIR EN PERMANENCE

Un enfant précoce a besoin de stimulations, de découvertes, d'enrichissement.

Vous êtes en quelque sorte un accompagnateur de voyage qui lui fait découvrir un pays qui lui est étranger.

À ce titre, vous vous devez de lui faire découvrir le monde, par tous les moyens possibles : théâtre, concert, musées, voyages, ateliers, vidéos, jeux, activités, bricolages... Sans oublier la nature, les animaux, les balades...

Utilisez tous les supports à votre portée : livres d'activités, ressources inépuisables sur Internet, sans oublier les amis, la famille...

Et surtout, essayez de sortir des sentiers battus : ceux-là sont déjà explorés, facilement, spontanément et au travers de la vie sociale de votre enfant.

Donnez-lui les stimulations qu'il n'obtiendra pas autrement.

6

L'enfant pluriel

L'enfant précoce montre une grande ouverture d'esprit.

Il s'intéresse à de nombreux sujets, pas forcément communs chez les enfants de son âge.

Avide de tout découvrir, il souhaite s'investir dans de nombreuses activités, aussi bien sportives qu'artistiques, ou simplement de faire des découvertes en votre compagnie.

Il n'a pas une passion, mais des passions, qu'il explore intensément et avidement pendant un temps. Une fois au bout de sa découverte, il n'est pas rare qu'il ralentisse ou passe à autre chose.

Il peut ainsi sembler manquer de constance, mais en réalité « le bout » d'une activité, lorsqu'on dit qu'il ne va pas jusqu'au bout, est atteint plus vite, et/ou n'est pas le même que pour les autres : pour les autres, l'objectif sera par exemple d'arriver à la compétition, pour lui ce sera comprendre les mécanismes, acquérir suffisamment de connaissances et de maîtrise pour se faire plaisir et s'amuser.

ENRICHI, PAS « POURRI GÂTÉ ! »

Il passe du coq à l'âne et investit différentes activités en parallèle. Ce pourquoi sa chambre est souvent en « bazar ».

Il a besoin d'être stimulé en permanence et ne montre pas une seule passion, permanente, qu'il explorerait jusqu'à plus soif.

Il a des passions qui le portent tant que sa motivation est présente et que sa soif de découvertes est satisfaite.

Aussi nourrissez cette insatiable curiosité de jeux sans cesse renouvelés.

Il ne s'agit pas non plus de lui en fournir trop : il ne saurait plus qu'en faire.

Mais un mélange savamment dosé de jeux habituels et de jeux nouveaux, qu'il peut délaisser quand bon lui semble.

QUESTION 3

Thomas et Alexandre sont en moyenne section de maternelle. Voici l'appréciation sur leur bulletin scolaire.

- ☐ a) Pour Thomas : « Enfant très cultivé avec fort degré de langage. »
- ☐ b) Pour Alexandre : « Bonne année. Alexandre est attentif et appliqué. Il aime apprendre. »

BESOIN DE TOUT DÉCOUVRIR

Tout découvrir n'est évidemment pas possible.

Aidez votre enfant dans sa découverte en lui proposant un choix limité d'activités, quelques-unes chaque année.

Ne vous laissez pas entraîner lors des inscriptions par une inscription à l'année : il est possible que la motivation de votre enfant baisse, pour telle et telle raison et qu'il ait besoin d'arrêter ce qu'il vient de démarrer. Ce n'est pas un manque de constance : il y a des raisons fondamentales à ce désinvestissement, et votre enfant a le droit de changer d'avis.

Par contre, ne le laissez pas papillonner, cela l'épuisera et l'insécurisera.

Pour cela, conservez d'année en année une activité qu'il ne peut pas abandonner : musique, danse et qui fera partie de sa vie.

Acceptez alors que les autres puissent être plus temporaires et passagères : cela lui permet d'être lui-même.

J'AI LE DROIT DE M'ARRÊTER

Votre enfant a toujours une bonne raison d'arrêter son activité : il ne sait pas forcément le formuler, mais c'est une réalité :

- le professeur est peu sympathique et la sensibilité de votre enfant le fait donc reculer ;
- la routine d'un travail quotidien pour ce qui devrait être un plaisir et un loisir le rebute ;
- la visée de compétition et de passage incessant de grades ou de diplômes qui n'ont pas de sens ;
- s'être tout simplement trompé ;
- vouloir faire une autre activité pour la partager avec les amis.

Ayez bien conscience qu'il ne s'agit pas d'un manque d'implication, mais d'une implication différente.

Votre enfant peut tout autant apprendre à monter à cheval en prenant quelques cours de-ci de-là en ayant comme objectif de se faire plaisir à aller faire une promenade sur la plage plutôt que d'atteindre un niveau de compétition.

Il peut aimer les arts plastiques et les faire chez vous, en partageant ce moment avec des amis ou avec vous.

Le but fondamental d'une activité n'est pas de « remplir un vide » occupationnel, ou de vous débarrasser de votre enfant, mais bien de l'épanouir.

DITES-MOI STOP

Il est important de ne pas laisser votre enfant tout investir et de passer d'une activité à une autre tous les ans ou tous les mois.

Cela peut être anxiogène pour lui et le conduire à ne plus avoir de temps pour lui, pour souffler, pour jouer à sa façon et rester à ne rien faire.

Il a autant besoin d'activités que d'être chez lui.

Profitez-en pour partager ces moments avec lui et faire autre chose : visite de musée, découverte d'un château, promenade en forêt, à vélo…

C'est tout aussi enrichissant, voire plus.

DU PARADOXE DE LA MUSIQUE : TRAVAILLER OU NE PAS TRAVAILLER...

La question de la routine et de sa répétition revient souvent dans les propos sur les enfants précoces.

Ils ont horreur de la répétition.

Si l'on rajoute à cela le besoin de travailler sa musique, ce que peu d'enfants aiment, cela devient compliqué.

En premier lieu, il est un mot qui devrait être banni : le travail.

La musique est un plaisir et les musiciens jouent.

Demander à votre enfant de travailler revient directement à le braquer.

Ensuite, il est bien évident qu'il est nécessaire de jouer pour acquérir une certaine dextérité.

Enfin, il est évident qu'un enfant précoce progresse plus s'il ne joue pas que s'il joue quotidiennement.

À vous donc de jongler entre ces différents points pour trouver l'équilibre de votre enfant.

Faites-le jouer plus souvent en vue de l'audition, et lâchez-lui la bride en cours d'année : vous ne souhaitez pas en faire un virtuose, et vous ne le dégoûterez pas.

Enfin, sachez bien que s'il n'aime pas un morceau, il ne réussira jamais à le jouer.

7

Ce qui se passe une fois l'est pour la vie : l'enfant tout ou rien

Votre enfant montre ce que l'on appelle une pensée dichotomique, manichéenne, c'est-à-dire qu'il raisonne en tout ou rien.

Il suffit qu'il trouve une fois une arête dans sa bouchée de poisson pour qu'il refuse, non seulement d'en manger une bouchée de plus, mais encore les jours, semaines et mois qui suivent.

Cette anicroche reste gravée dans sa mémoire comme un événement inéluctable et déplaisant et devient ainsi une croyance, une évidence, un fait acquis. Qu'il ne remettra en question qu'à la condition qu'il ait compris ou qu'il en ait fait l'expérience ultérieurement.

De même, si vous faites une entorse à une règle, il en fera une généralité et ne comprendra pas pourquoi l'exception ne devient pas la règle.

Dites-vous bien qu'il ne fait pas cela pour vous embêter, ni pour tester les limites que vous lui fixez, comme je l'entends trop souvent.

Non, c'est juste sa logique qui lui fait avoir ces comportements.

EXPLIQUER, TOUJOURS EXPLIQUER ET ANTICIPER

Les explications et l'anticipation sont les meilleurs garants pour apprendre à votre enfant que sa logique est bonne, dans l'absolu, mais que le quotidien est souvent fait d'approximations, de situations dans lesquelles nous transigeons, en fonction du contexte et de l'environnement dans lesquels nous nous trouvons.

Sauf que « ça n'est pas logique ! »

Et c'est vrai.

Alors expliquez, encore et encore.

Anticipez, lorsque vous servez du poisson, pour reprendre l'exemple précédent, que ce n'est pas une obligation d'y trouver systématiquement une arête.

Prenez des exemples concrets, que votre enfant connaît et auxquels il puisse croire, la pluie, l'orage : « Ce n'est pas parce qu'il pleut maintenant qu'il pleuvra ni toute la journée, ni tous les jours qui suivent. »

L'ARC-EN-CIEL DES ÉMOTIONS

De la même manière, pour un enfant dont la logique est absolue, ne peut-il y avoir qu'une émotion dans une situation donnée.

C'est le cas notamment d'un mensonge pieux. Thomas m'expliquait qu'il ne pouvait pas mentir parce que c'était mal. Lorsque je lui expliquai le concept du mensonge pieux, par lequel on dissimule quelque chose à quelqu'un par gentillesse, par attention, il me regarda, perplexe.

De même Julia, dont le petit chien dormait dans sa chambre, qui m'expliquait que sa maman s'était fâchée lorsqu'il avait fait pipi par terre. Elle me dit que c'était pour ne pas réveiller sa maman qui était fatiguée qu'elle ne l'avait pas laissé sortir de sa chambre car elle savait que sa maman se réveillerait et l'emmènerait dehors faire ses besoins : c'était par gentillesse.

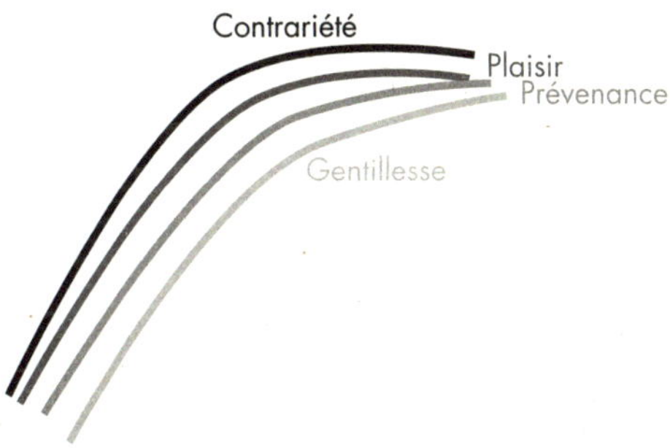

Je lui expliquais alors que les situations étaient comme un arc-en-ciel, composées de différentes couleurs, différents sentiments : pour elle, se mêlaient le plaisir d'être avec son chien, sa gentillesse envers sa maman, mais également la contrariété de devoir nettoyer par terre ainsi que le manque d'hygiène.

Elle comprit ainsi qu'elle devait regarder les situations qu'elle vivait avec un autre œil.

8
L'enfant sensible

Traiter en même temps plusieurs informations implique que votre enfant les perçoive toutes, ou du moins un grand nombre.

Il en résulte une grande sensibilité qui se manifeste de différentes façons : l'empathie, qui est la capacité à percevoir ce que les autres ressentent ; l'hyperesthésie, qui est la plus grande acuité perceptive (finesse des odeurs, sons, toucher et vision) ; la sensibilité émotionnelle, voire hypersensibilité ou même susceptibilité.

BONJOUR FANTÔME !

En prenant une image, on pourrait dire que les enfants précoces voient le monde au travers d'un microscope, quand les autres le voient au travers d'une loupe binoculaire : leurs perceptions sont plus fines et précises.

Ce qui peut donner lieu, conjointement à leur imagination, à des situations pouvant passer pour abracadabrantes.

Ainsi, Clara disait-elle bonjour tous les matins à un fantôme qu'elle croisait en sortant de chez elle.

Il était réel, elle le voyait. Était-ce un halo de lumière, une brume nuageuse ? La réalité est qu'il y avait quelque chose.

De même, Hervé disant à sa mère au petit-déjeuner que le lait de son chocolat était tourné. Non, lui rétorque-t-elle, car j'ai ouvert la bouteille hier. Hervé s'obstine, refusant de boire son chocolat, qu'il trouve mauvais. La situation s'envenime, il se fâche, de guerre lasse, sa maman le goûte… il est effectivement tourné !

Croyez votre enfant, il ne cherche pas à prouver qu'il a raison, il sent et voit des choses que vous ne percevez pas forcément.

QUESTION 4

Damien et Julien sont au CP. Lorsqu'ils ont terminé leur travail, ils peuvent faire des coloriages magiques.

☐ a) Julien se dépêche, car il adore cela.

☐ b) Damien prend son temps, et ne termine pas son travail, exprès, car il n'aime pas les coloriages magiques et n'en voit pas l'intérêt.

LA CLOCHE DU DÎNER

Les informations prises dans l'environnement, par toutes les modalités sensorielles, sont traitées simultanément et sans hiérarchie particulière : votre enfant est, en quelque sorte, envahi par ce qu'il perçoit.

Lié à sa pensée en arborescence, il peut alors se laisser emporter par un bruit, une odeur, une image que les autres n'ont pas forcément perçue.

Il donnera l'impression de se disperser et de perdre sa concentration.

N'oublions pas cependant qu'il est, la plupart du temps, capable d'écouter ce que vous dites pendant ce temps.

Utilisez un signal pour ramener leur attention à ce qu'ils sont censés faire : la cloche du dîner permet de stigmatiser l'heure de passer à table et la fin des activités. Cela vous évite de vous fâcher en vous répétant, et cela permet à votre enfant de terminer ses activités.

Ce peut être la main que vous posez sur son épaule, pendant qu'il fait ses devoirs, un mot clef… un code entre vous.

AIDEZ-MOI À M'ARRÊTER S'IL VOUS PLAÎT

Plus sensibles, ils le sont également à la fatigue et à la faim.

Les parents de Clément, huit ans : « Lorsque je vais le chercher à 11 h 30, c'est à peine s'il me dit bonjour et, pour un oui pour un non, il démarre, se met à râler et cela peut aller jusqu'à une rage noire. Pareil à 16 h 30, et là c'est encore pire, car il doit faire ses devoirs en rentrant de l'école. »

En effet, il a faim et il est fatigué. Faim qui disparaît comme par magie après quelques bouchées.

Apprenez à votre enfant à s'arrêter, à ne pas toujours être en action, à ne pas toujours faire des activités : il a un plus grand besoin de souffler, de se retrouver chez lui à jouer, à fonctionner à sa façon, en passant d'un dessin à un livre, d'un livre à un fauteuil, à rester dans ses pensées.

Arrêtez-le dans sa fatigue en lui lisant un livre, lui faisant faire une activité calme, une promenade tranquille…

MON PARCOURS SCOLAIRE EST EN DENTS DE SCIE ET C'EST BIEN AINSI

Cette sensibilité se manifeste également à l'école, en fonction de la personnalité de leur enseignant.

Si le courant passe, ils seront bons élèves, médiocres ou mauvais sinon.

Expliquer à votre enfant que l'on n'est pas à l'école pour s'entendre avec son enseignant, mais pour apprendre ce qu'il vous enseigne, pourra faire baisser son sentiment négatif, et le faire disparaître, ou pas.

Il convient parfois d'accepter que votre enfant fasse une «mauvaise» année dans une matière donnée: tant qu'il passe dans la classe supérieure, ce n'est pas une catastrophe.

Et à condition de passer un contrat clair avec lui: cette année, on laisse tomber, mais l'an prochain, tu fais une bonne année.

LE JUSTICIER

Entre sensibilité, empathie, altruisme et valeurs, votre enfant est sensible à toutes les sortes d'injustice.

Que ce soit à son sujet ou ce qu'il constate pour les autres.

Il est ainsi sensible aux injustices qui le touchent lui-même, mais plus encore à celles qui touchent les autres.

Il est dès lors capable d'aller trouver la maîtresse pour aider un camarade maltraité dans la cour, de prendre parti pour lui contre les autres.

Apprenez-lui qu'il peut avoir une éthique et s'y tenir, qu'il s'agit d'une grande qualité, et apprenez-lui surtout la limite, qui est, en quelque sorte, son intégrité. Qu'il soit justicier, à condition que cela ne soit pas préjudiciable pour lui, et qu'il ait en main toutes les cartes pour juger de l'histoire.

Transformez-le ainsi en juge, ou médiateur, capable d'écouter les deux parties, sans prendre parti.

Il ne se fera ainsi pas exclure.

9
Une insatiable curiosité

« Mon père m'a cogné, et ma mère m'a cogné ; tous mes oncles, et mes tantes m'ont cogné de même pour mon insatiable curiosité ; n'empêche que je veux savoir ce que le Crocodile a pour dîner[1] ! »

L'enfant précoce est toujours de cette insatiable curiosité qui le fait poser sans cesse des questions, sur le monde, les amis, les animaux… sur tous les sujets qui peuvent l'interpeller.

Cela participe de sa vision globale et, plutôt que de percevoir cette caractéristique comme « déplacée », changez votre posture et voyez-la comme une grande ouverture d'esprit, car c'est véritablement de cela dont il s'agit.

C'est une ressource infinie et un grand enrichissement pour lui et pour les gens qui le côtoient.

---

1. Rudyard Kipling, *L'Enfant d'éléphant*, Paris, La Librairie des Écoles, coll. « Les Belles Lectures », 2012.

DIS PAPA, POURQUOI...

Son questionnement peut être incessant.

C'est le festival des « pourquoi » et des « comment » : de « Pourquoi le ciel est bleu ? », à « Comment ça existe tout ça, ce qui nous entoure ? », en passant par « Comment tu as donné ta graine à maman ? », chez un enfant de quatre, cinq ans.

Ce questionnement n'est pas fait pour vous embêter, aussi il est important que vous lui répondiez, sans lui opposer une fin de non-recevoir.

Thibault, vingt-cinq ans, se souvenait avec colère et ressentiment de son père qui ne répondait jamais à ses questions que par un « je ne sais pas » définitif. Thibault n'a jamais pu concevoir que son père ne sache effectivement pas répondre à toutes les questions qui lui venaient sur le chemin de l'école, de retour à la maison, en vacances... Pour lui son père ne voulait pas répondre et cela a créé de l'amertume.

Répondez à votre enfant, de n'importe quelle manière que ce soit, y compris en disant que vous ne savez pas, que vous chercherez la réponse un peu plus tard, ensemble, dans le dictionnaire ou sur Internet, que ça n'est pas le moment et que vous en reparlerez...

Et surtout, ne le laissez pas sur sa faim, par un « On s'en fiche », ou « Fiche-nous la paix ! ».

L'INCOMPRÉHENSION DEVANT LES AUTRES

Les enfants ne le formulent pas forcément ainsi, mais ils sont perplexes devant le fonctionnement des autres.

Une fois adulte, ils me disent, les yeux écarquillés: « Vous voulez dire que les autres ne fonctionnent pas par association d'idées, c'est-à-dire qu'ils ne se retrouvent pas à imaginer l'invention de l'écriture lorsqu'on leur parle d'un chat; qu'ils n'ont pas d'idées qui leur tombent de la tête; qu'ils peuvent ne pas lire automatiquement les panneaux publicitaires ou les sous-titres au cinéma et arrêter leur cerveau ? »

Tout cela est tellement évident pour eux, car faisant partie de leur fonctionnement, qu'ils ne peuvent pas imaginer (comme l'inverse d'ailleurs) que les autres soient… autres !

Expliquez leur, sans prétention ni jugement de valeur, en leur montrant que chacun « a raison puisque c'est son fonctionnement ».

JE NE SAIS PAS

L'intuition est ainsi faite que tout se passe en bruit de fond dans le cerveau.

Votre enfant emmagasine de nombreuses connaissances, pas forcément consciemment : ses sens aiguisés le font observer et écouter et donc mémoriser ce qu'il perçoit ; son énorme mémoire le fait retenir tout ce qu'il lit et découvre.

Au final, cette somme d'informations est stockée, et il va la rechercher, soit consciemment, soit sans même savoir comment il le sait : le traitement global de ce qu'il sait s'effectue à l'insu de sa conscience verbale.

Il peut dire « je ne sais pas », ce qui active une demande au cerveau qui répond en donnant la bonne solution.

Il s'agit en somme d'un « je ne sais pas » conscient qui cache le « je sais » inconscient.

Ne prenez donc pas ces réponses pour argent comptant, mais pour ce qu'elles veulent réellement dire pour votre enfant : c'est en quelque sorte la clef qui ouvre la bonne « porte » de sa mémoire.

JE VOIS TOUT

L'hypersensibilité de votre enfant se retrouve au niveau de ses sens, ce que l'on appelle l'hyperesthésie ; des sens plus développés et plus aiguisés.

Toujours en alerte, il repère le moindre brin d'herbe qui peut l'intéresser.

Il est plus sensible aux bruits, aux odeurs ; sa sensibilité tactile est plus fine, et le moindre tissu le gratte.

Couplé à sa grande curiosité, il remarque tout du monde qui l'entoure, et vous ne pouvez rien lui cacher, y compris dans le domaine des émotions : il perçoit votre désarroi et sait quand vous lui mentez, il sait à l'intonation de votre voix que vous êtes contrarié.

Si vous lui dites qu'il se trompe, alors il intégrera de mauvaises informations et commencera à ne plus se faire confiance, à ne plus s'écouter et à ne plus partager ses émotions avec vous.

Soyez honnête envers lui et expliquez-lui ce que vous pouvez ressentir.

Acceptez qu'il ait raison et qu'il perçoive des détails qui vous semblent invisibles et inexistants.

JE N'OUBLIE RIEN

Il sait ranger tous les détails qu'il perçoit de telle manière à toujours les retrouver : sa mémoire d'éléphant conserve tous ses souvenirs.

Caroline, huit ans, se rappelle, lorsque sa maman en achète, avoir mangé, quatre ou cinq ans plus tôt, un certain type de yaourt qu'elle n'avait pas vu depuis.

Clovis, sept ans, se souvient de son voyage à Londres alors qu'il n'avait pas deux ans.

Croyez-le, lorsqu'il vous raconte une anecdote dont vous ne vous souvenez plus, et valorisez sa mémoire sans dévaloriser la vôtre.

Mettez-le à contribution, même petit, pour vous guider sur un chemin dont vous n'êtes plus sûr : il saura et sera fier de vous aider.

QUESTION 5

Alexandra et Marylou ont une amie qui régulièrement leur dit qu'elles n'ont pas le droit de jouer et qu'elle n'est plus leur amie.

- ☐ a) Marylou ne s'en fait pas plus que cela et va jouer avec une autre amie.
- ☐ b) Alexandra revient en larmes chez elle.

LE LIBRE PENSEUR

Il a un esprit critique très développé et sait créer de la pensée neuve. Il est précurseur, avec des idées nouvelles et inattendues.

Il apprend au travers de ses expériences et aime inventer de nouvelles choses.

Karine innove, en matière culinaire, en inventant des recettes particulièrement inattendues.

Humaniste, il a à cœur d'aider les autres à épanouir leur personnalité et peut passer pour un donneur de leçons.

Intellectuel, dans le sens premier qui désigne ceux qui font métier de penser et d'enseigner leur pensée, il peut parfois donner l'impression de ratiociner, de détruire et dénigrer systématiquement au lieu de critiquer. Pour d'autres que lui, cela risquerait en effet d'être le cas.

Loin de ces jugements à l'emporte-pièce, il ne s'agit pas de raison, mais d'une passion de ce qui est juste, d'une soif de connaissance et d'une recherche du vrai par opposition à un savoir pour le savoir associé à son étalage pour briller, d'une quête du mieux et non pas d'une critique limitée.

Aidez-le à ne pas tomber dans les pièges de l'intellectualisme en lui apprenant quand et comment formuler ses pensées.

10
L'enfant par étapes

Il assimile des informations, qui sont aussi bien des connaissances acquises que des éléments disparates qu'il puise dans son environnement en observant autour de lui, en écoutant, en mémorisant ce qu'il perçoit.

Petit à petit, ces connaissances s'amalgament, sont digérées, jusqu'à faire partie intégrante de votre enfant.

Ce n'est qu'une fois qu'il les a véritablement assimilées, et qu'il souhaite en faire quelque chose qu'il sera capable de faire ce que vous lui demandez.

Il est étonnant de voir ces enfants refuser une activité, une tâche ou quoi que ce soit pendant des jours, voire des mois, et démarrer d'un coup sans apprentissage préalable visible.

Ils avancent ainsi par bonds ou étapes.

Cela peut vous déstabiliser quand vous essayez par exemple de le faire fonctionner par apprentissage classique et répétitions.

C'EST QUAND JE VEUX

Lorsqu'il sera prêt, que tous les éléments seront à leur place, et lorsqu'il le voudra, votre enfant sera capable de faire ce qu'il refuse jusqu'à présent.

Coralie ne voulait pas faire de vélo, disant d'abord qu'elle ne savait pas, puis, lorsque les petites roues furent retirées, qu'elle ne voulait pas pédaler car c'était trop dur, puis enfin qu'elle n'aimait pas cela, n'en voyant pas l'intérêt.

Évidemment, pour tout autre enfant, on aurait pu se dire qu'il s'agissait d'un caprice, qu'elle avait peur, qu'elle en retirait un bénéfice (elle avait un siège sur le vélo de sa maman), et qu'il fallait l'y obliger.

Rien de tout cela : elle n'était pas prête.

Un matin, alors qu'elle avait huit ans, elle demanda à aller faire une promenade qu'ils faisaient auparavant en famille, seule sur son vélo : dix kilomètres, aller-retour, effectués sans flancher.

J'AI BESOIN D'EXPÉRIMENTER

La compréhension et surtout l'appropriation des concepts passent aussi chez l'enfant précoce par l'expérimentation.

Il a besoin de se faire sa propre idée pour ensuite être capable d'appliquer ce que vous lui demandez de faire.

Cela contribue à son fonctionnement par étapes.

Sans aller jusqu'à le mettre en danger, et sans non plus le laisser tout faire (ce qui lui donnerait le sentiment que vous l'abandonnez), permettez-lui de faire ses propres expériences.

Qu'il perçoive les conséquences qui découlent de ses actions.

C'est ainsi qu'une maman me racontait comment son fils était toujours en retard à l'école. Lorsque je lui demandai quelles en étaient les conséquences, elle me répondait qu'il n'y en avait aucune, car la porte de la cour était ouverte et qu'il suffisait à son fils de rentrer en classe et de s'asseoir.

L'expérience, ici, montre à ce petit garçon qu'il n'y a aucune conséquence et qu'il peut donc continuer, et ne rien changer.

Telle autre petite fille me disait qu'elle se faisait gronder tous les matins car elle descendait les escaliers en faisant du bruit et réveillait ainsi son petit frère... jusqu'au jour où ses parents l'ont réveillé à coups de talons sur les marches de l'escalier.

Surtout ne jugez pas avec les stéréotypes classiques qui vous feraient dire qu'ils manquent de considération et sont égoïstes, et n'oubliez pas que pendant qu'elle descend les marches, sa pensée en arborescence l'a emmenée bien loin de là.

Tout est question de moment, de motivation, d'appropriation et pas de mauvaise volonté.

J'AI UN BON ŒIL

J'ai souvent remarqué que les enfants précoces avaient un « bon œil » en sport.

Thomas, aujourd'hui adulte, fut basketteur professionnel. Il me racontait qu'il ne comprenait pas tout ce que racontait son entraîneur, mais qu'il lui suffisait d'observer les autres, de laisser « pauser » et il était capable, sans savoir comment de reproduire ce qu'il avait vu faire.

Amélie, treize ans, me raconte la même chose en équitation : elle voit les autres cavaliers mesurer la distance entre deux obstacles, pour compter le nombre de foulées de leur cheval. Elle me dit ne pas savoir quoi en faire : « D'accord, il faut que mon cheval fasse trois foulées, mais de toute façon il les fait tout seul, je n'ai rien à faire ! »

Ce à quoi son moniteur lui rétorque qu'elle a de la chance d'avoir un si bon œil.

Cet œil magique est encore une fois l'intuition qui leur fait observer les divers éléments dont ils ont besoin pour les restituer ensuite, à leur façon, et sans savoir comment.

Ne cherchez surtout pas à décortiquer ce mécanisme chez votre enfant, car c'est son efficacité qui est en jeu.

11

La routine, cette tueuse !

Pour un enfant sans cesse en mouvement, au propre comme au figuré, un enfant qui a besoin d'enrichissement, la répétition est pour lui sclérosante.

Au lieu de se reposer, par un rythme sans cesse identique, cela l'épuise de toujours reproduire les mêmes procédures.

Que ce soit dans son quotidien, inéluctablement répétitif, ou à l'école où, d'un jour à l'autre et d'une année à l'autre, les mêmes notions sont réapprises.

L'ennui fait alors son apparition avec les problèmes qui peuvent en découler.

J'entends souvent dire qu'il faut apprendre aux enfants à s'ennuyer.

Je ne serai jamais d'accord, car l'ennui est destructeur.

Par contre, qu'il faille leur apprendre à s'occuper, à occuper leur temps libre, autrement qu'en restant assis devant la télévision, la tablette ou les consoles, oui.

MON IMAGINATION EST SANS LIMITES

Imagination et créativité sont innées chez les enfants précoces.

C'est un puissant moteur pour lutter contre l'ennui, soit ils se créent des mondes imaginaires, leur permettant de s'évader et constituant un dérivatif à la routine, soit ils sont à l'initiative de nombreuses inventions.

Donnez-leur un carton, et aussitôt il se transforme en chariot pour les peluches, en château pour les poupées, en cabane pour lui-même, en traîneau du Père Noël…

Offrez-leur des livres de petits bricolages, de petits cadeaux à fabriquer, donnez-leur des Lego, mais laissez libre cours à leur imagination en leur montrant comment recréer un univers à l'infini.

Je me souviens de cette petite fille, me parlant d'un de ses amis avec stupeur ; cet enfant ne savait plus quoi faire de ses Lego : une fois construits, en suivant la notice, il les laissait ainsi, n'ayant jamais eu l'idée qu'il pouvait les réutiliser pour inventer une autre construction. Cette petite fille était stupéfaite : elle les montait, les démontait, faisant et refaisant d'autres montages.

INVENTEZ-MOI DES HISTOIRES

Soyez vous-même imaginatif et inventez-leur des histoires, seul ou avec eux.

Allez cacher sur la plage une bouteille de pirate contenant un message, et suivez ensemble les instructions pour découvrir le trésor (que vous aurez préalablement caché).

Allez écouter des contes.

Inventez-vous un personnage et racontez-en les histoires chaque soir avant de dormir.

Jouez à être vous-même des châtelains.

Faites fleurir un arbre à goûter ou un arbre à bonbons.

Partez à la découverte du pays des fées ou des lutins, et notez chaque signe de leur passage, une fois franchie la porte d'entrée de leur royaume.

N'oubliez pas que vous savez le faire !

FABRIQUEZ-MOI DES OBJETS

Dans le même ordre d'idées, il est simple de fabriquer des objets de toute sorte.

Explorez les sites Internet si vous n'avez pas les idées ou les livres d'activités manuelles.

Tout est possible : avec des bâtons de glace, des feuilles d'automne, des coquillages, des fleurs séchées…

Vous réinventerez le monde en en utilisant les ressources autrement.

QUESTION 6

Guillaume et Clémentine font tous les deux de l'équitation. La monitrice est acariâtre et revêche.

☐ a) Guillaume ne le remarque pas. Il est là pour monter à cheval.

☐ b) Chaque semaine Clémentine rechigne à aller à l'écurie, alors même qu'elle adore monter à cheval.

INVENTEZ DES RECETTES AVEC MOI

Il est une capacité que l'on appelle la « sérendipité », par laquelle on invente quelque chose en cherchant autre chose.

La tarte Tatin a été inventée selon ce principe d'accident efficace, suite à l'étourderie de l'une des sœurs Tatin.

C'est ainsi une attitude mentale combinant ouverture d'esprit, curiosité, sérénité, intuition et créativité.

Laissez votre enfant la mettre en œuvre dans la cuisine : donnez-lui des ingrédients pour qu'il invente ses recettes.

Utilisez la pâte d'amande comme de la pâte à modeler pour créer des décors de gâteaux que vous pourrez manger et/ou apporter à l'école à l'occasion d'un anniversaire ou d'une occasion particulière (Halloween par exemple).

Fabriquez de la pâte à modeler qui se mange (comme une pâte sablée que vous colorez avec des colorants alimentaires) : votre enfant pourra laisser libre cours à son imagination et sera fier de vous faire partager ses créations.

CONSTRUISEZ-MOI DES CABANES

Mettez la nature à profit ! Plurielle par essence, elle permettra à votre enfant de laisser parler sa personnalité.

Inventez d'innombrables histoires : transformez-vous en agent immobilier et explorez chaque arbre comme s'il était une maison que votre enfant aimerait acquérir.

Construisez une cabane dans votre jardin ou dénichez-en une lors d'une promenade.

Faites un potager miniature sur votre rebord de fenêtre et cueillez vos propres légumes.

Passez la porte du pays des fées et des lutins en passant sous une branche penchée.

Fabriquez une poupée à partir de feuilles de maïs, une fresque grandeur nature en feuilles mortes, et trésors divers.

Ne coupez pas votre enfant de la nature, à quelque degré que ce soit : ses trésors sont infinis et lui permettront de faire fonctionner son imagination.

VARIEZ-MOI MES PLAISIRS

De même qu'à l'école, à la maison la routine est destructrice. Aussi, haut les cœurs et vive l'imagination pour changer votre quotidien.

Qu'un matin vous preniez le petit-déjeuner au lit, qu'un autre vous pique-niquiez sur le sol de votre salle à manger, ou encore que vous fassiez un plateau-repas, faites de vos repas des moments différents.

Vous pouvez également varier les menus. À manger régulièrement les mêmes plats, votre enfant finira par les bouder. Ne les lui servez plus pendant un temps, quelques semaines ou quelques mois, et il les dévorera à nouveau.

Imaginez que vous déjeuniez au restaurant, et organisez le cérémonial associé : prise de commande, service…

De même, en vacances, autorisez-vous de la variété : si vous partez à la montagne, par exemple, vous pouvez faire du patin à glace, des raquettes, construire des igloos, et ne pas faire que du ski.

12

L'enfant dix choses à la fois

J'ai déjà souvent dit que l'enfant précoce a besoin de faire dix choses à la fois, au propre comme au figuré.

Il ne s'agit ni de dispersion, ni de manque de concentration ou d'attention, mais de son propre mode de fonctionnement.

L'en empêcher, non seulement le desservira en minant son efficacité, mais risquera de lui créer des problématiques ou même des pathologies autres.

C'est ainsi que j'ai reçu dans la même journée deux enfants qui n'avaient trouvé d'autre solution que de s'arracher les cheveux. Un par un et toute la journée. C'était la seule façon pour eux de faire quelque chose de « socialement faisable », autre que de tripoter leurs couverts, de se lever mille fois de table, de bouger partout dans la classe, ou de s'agiter sur leur chaise.

Dans la même veine, Claire n'avait eu d'autre choix, pour s'occuper, que de porter toute son attention sur les bruits environnants, cela seul lui permettait de se concentrer.

Aussi n'essayez pas de contraindre votre enfant à devenir séquentiel, cela va à l'encontre de sa nature et surtout c'est une impossibilité à être attentif.

RANGE TA CHAMBRE !

Ranger sa chambre, même si c'est une activité qu'aucun enfant n'apprécie, devient particulièrement difficile pour un enfant précoce.

Admettons qu'il veuille bien la ranger. Il commence, tombe sur un jouet et, au lieu de le ranger, se met à jouer avec.

Si vous le lui demandez, il le rangera, en saisira un autre qu'il ne rangera pas plus.

Vous aurez beau dire et beau faire, rien ne l'empêchera d'avoir ce fonctionnement spécifique d'association d'idées et de ne pas pouvoir faire une seule et unique activité.

Si vous voulez l'y aider, pas l'y contraindre, chantez-lui une chanson, récitez-lui une poésie, et surtout faites les choses avec lui.

HABILLE-TOI !

De la même façon, s'habiller ou aller chercher à la cuisine la fourchette que vous lui aurez demandée devient tâche ardue.

Il part, plein de bonne volonté, et lorsque vous lui demandez où il en est, il vous rétorque, étonné et même interloqué : « Qu'est-ce que tu m'avais demandé ? »

Non, il ne se moque pas de vous.

Encore une fois, il s'est laissé prendre au piège de la pensée en arborescence, trouvant chaque pensée, chaque sujet qui passe, aussi intéressant à explorer, et occultant définitivement le précédent.

Si vous voulez l'entraîner (dans le sens de « le tirer avec vous »), le plus simple est sans conteste de vous habiller, par exemple, tous les deux dans la même pièce : ainsi il suivra votre exemple et ne se laissera pas distraire par ses pensées.

ÉCOUTE-NOUS QUAND ON TE PARLE : ÉCOUTER, SANS ÉCOUTER TOUT EN ÉCOUTANT

Faire autre chose occupe un canal attentionnel et permet de libérer celui de l'écoute : sans cela, de nombreux enfants n'arrivent pas à vous écouter.

Cyril, treize ans, s'était fait punir par un conférencier. Pendant que ce dernier expliquait la vie de Louis XIV pendant la visite de Versailles, Cyril n'a cessé de parler avec un copain. Au bout d'un moment, le conférencier lui fait une remarque et Cyril lui a répété la totalité de ce qui venait d'être dit. Le conférencier, en accord avec son professeur, l'a puni. Cyril me racontait cela avec un énorme sentiment d'injustice et d'incompréhension : il ne savait pas, réellement, ce qu'il avait fait de mal.

Pour lui, faire deux choses en même temps est naturel, donc tout le monde fait pareil, et surtout, s'il veut écouter, il ne sait pas faire autrement.

Je lui expliquai que les autres ne savent pas écouter ainsi, et qu'au contraire il les empêche de se concentrer.

Expliquez cela à votre enfant et trouvez-lui une activité « politiquement correcte » qui lui permette d'écouter en faisant autre chose.

13
L'enfant explosif

L'enfant précoce est souvent le siège de colères qui paraissent démesurées et sans fondement à son entourage.

D'une extrême sensibilité, l'enfant précoce perçoit le décalage entre ce qu'il sent et ce qu'on lui dit avec une intensité colossale, et est, pour lui, source d'injustice : d'où sa colère.

Un autre phénomène peut se greffer : le décalage entre ce qu'il a prévu de faire, ce qu'il perçoit d'une situation et comment elle se déroule en réalité (un anniversaire qu'il anticipe de telle ou telle façon et qui, forcément, de par les aléas liés à la présence des autres enfants, se déroulera autrement).

Son peu de capacité à l'effort se traduit par une impatience qui rejaillit en colère lorsqu'il ne parvient pas du premier coup à faire ce qu'il essaye de faire, ou que ça ne correspond pas, encore une fois, à l'idée qu'il s'en faisait : un dessin qu'il juge « moche » pourra susciter une énorme colère et l'arrêt de l'activité, alors qu'il partira en grommelant (voire plus) et en tapant du pied.

Quelle qu'en soit l'origine, il vous incombe de comprendre que sa colère a des fondements logiques, et qu'il ne s'agit aucunement d'un caprice ou d'un comportement fait pour attirer votre attention : il s'agit d'une véritable souffrance, d'une frustration que votre enfant ne sait ni gérer ni canaliser.

Les méthodes classiques, comme l'isolement de quelques minutes, ne servent à rien, sauf à renforcer son sentiment d'injustice, et sont de peu d'effet, car elles correspondent à des mécanismes de colère différents.

Par contre, encore et toujours, l'explication de ses mécanismes sera plus efficace.

Tel Archimède, dont la pensée «tombe» aboutie de sa tête, sa logique veut que votre enfant ne puisse que réussir du premier coup.

Votre enfant a besoin de savoir que si cela ne fonctionne pas c'est qu'il lui manque des éléments ou que sa pensée n'a pas encore eu le temps de s'élaborer.

LES ANTAGONISMES

Il est impossible d'être à la fois en colère et de bonne humeur, de crier et de chuchoter, d'être sérieux et de faire de l'humour.

Utilisez ces antagonistes pour désamorcer sa colère.

Approchez-vous, par exemple, de votre enfant et chuchotez-lui à l'oreille «je t'aime tu sais», «tu es le plus merveilleux de tous les enfants», en lui plaquant un baiser sur la joue.

Évidemment, son sens de la réalité vous prendra à contrepied et il vous répondra qu'il n'en a rien à faire, ou quelque chose du genre, mais vous aurez déjà contribué à le déstabiliser.

QUESTION 7

Julie et Antoine sont en CM1. Ils ont des mots à apprendre pour préparer leurs dictées. Les deux premières permettent de s'entraîner, et sont faites sur l'ardoise, la troisième est la dictée évaluée par la maîtresse.

☐ a) Antoine s'améliore de la première à la troisième dictée.

☐ b) Julie n'a pas de fautes à la première et fait jusqu'à quinze fautes à la troisième.

LA FORCE DE LA CHALEUR

L'antagonisme peut s'avérer insuffisant et vous verrez votre petit dragounet continuer d'arpenter votre salon en râlant, tapant du pied et criant.

Prenez-le alors sur vos genoux et gardez-le bien serré dans vos bras, dans une étreinte ferme, mais chaleureuse et empreinte d'amour.

Il y a de fortes chances qu'il essaye de s'en libérer et qu'il vous repousse du plus qu'il peut.

Tenez bon, et parlez-lui calmement en lui disant alors des mots doux et un peu décalés («Tu es le plus gentil garçon du monde»), inverses de ce qu'il est en train d'exprimer.

Sa crise s'arrêtera au bout de quelques minutes.

14
Il saute du coq à l'âne

C'est la fameuse pensée en arborescence.

Ou plutôt de passer d'une idée à l'autre par association d'idées.

Anne, huit ans, voit passer son chat.

Cela lui fait penser qu'il y a trois ans qu'il est là, qu'elle l'a eu pour son anniversaire.

D'ailleurs, la date approche.

Elle aimerait bien un petit chien, c'est chouette un petit chien, pour l'emmener courir dans le jardin.

On en voit des chiens courir le soir à la plage pendant les vacances, même s'ils n'ont pas le droit.

J'espère qu'on y retournera cette année pour les grandes vacances.

Tiens ce sont bientôt les vacances de Noël.

Je me demande ce que le Père Noël va m'apporter cette année ?

Et est-ce qu'il y aura de la neige ?

C'est chouette la neige, j'aime bien faire des batailles de boule de neige et aller au ski.

J'aime bien skier, et déjeuner sur les pistes, manger de la tartiflette.

C'est bon le reblochon.

Etc.

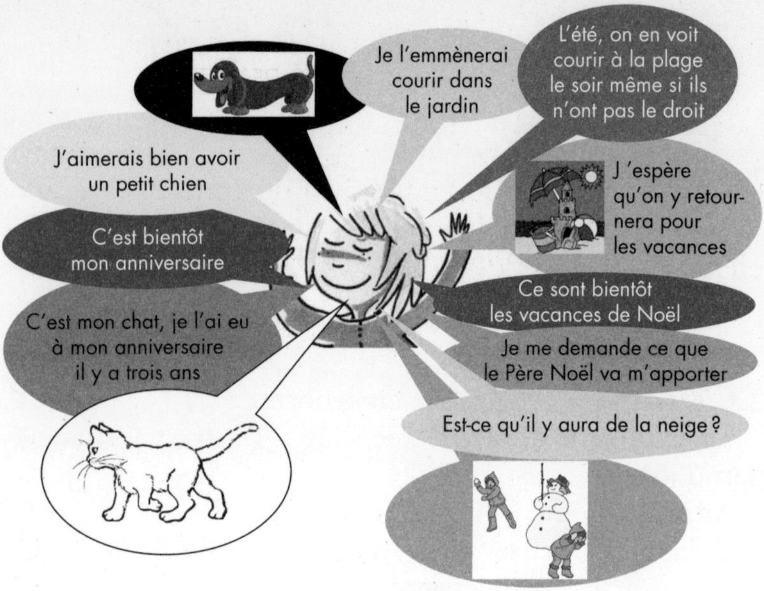

C'est cette pensée par association d'idées qui le conduit à « oublier », le matin, qu'il doit s'habiller ou se laver.

Menant plusieurs activités de front, il a du mal à n'en faire qu'une, d'autant plus qu'il est pris par le moindre détail, qu'il saisit la moindre idée et la suit jusqu'à la suivante, ce qui lui donne un flux de pensées qui jaillit, la bouche pleine parfois. Il peut aussi mettre ses chaussures à l'envers, ou rester avec une seule jambe de pantalon enfilée, ou tout nu en jouant ou pensant à autre chose.

Pour les aider à terminer ce qu'ils ont commencé, la solution est de les forcer à être à ce qu'ils font en court-circuitant leurs pensées et en faisant une activité compatible avec ce qu'ils sont censés faire.

J'AI LE DROIT DE NE PAS PENSER !

Bon nombre des enfants précoces que je reçois, ou des adultes qu'ils sont devenus, sont, ou étaient, de grands sportifs : Alain, ancien basketteur professionnel ; Julia, championne d'Île-de-France de GRS ; Virginie, championne de gymnastique ; Benjamin, ancien champion d'équitation ; Arnaud, au golf ; Clarisse, qui vise l'équipe olympique d'escrime…

Tous m'expliquent qu'ils ont l'« œil » et, qu'à condition de ne pas réfléchir, ils réussissent tout. D'autant plus facilement que cela semble compliqué.

Clarisse m'expliquait, en porte-à-faux avec son maître d'armes, qu'il lui disait qu'elle ne réfléchissait pas assez. « Je ne sais pas ce qu'il veut dire : quand je pense aux gestes que je dois faire, à la tactique que je dois utiliser, à la stratégie mise en place par mon adversaire, je perds. Quand je ne pense à rien, je gagne ! »

Bien entendu, car de cette manière, elle laisse son cerveau faire son « petit Archimède » : elle observe, emmagasine les informations dont elle a besoin et laisse faire ses automatismes. Elle perdrait un temps fou autrement.

Pour Benjamin, l'incompréhension a commencé par son premier entraîneur qui lui disait de compter les foulées entre deux obstacles : « Il s'agit de savoir si votre cheval fera trois ou quatre foulées, afin de pouvoir adapter sa vitesse et sa pression sur les rennes. Je n'ai jamais compris ce que cela voulait dire. Chaque fois que j'essayais, nous démolissions l'obstacle. J'ai ensuite rencontré mon entraîneur actuel qui m'a dit que j'avais un bon œil, et que je devais m'y fier sans réfléchir. »

Alain est entré dans l'équipe de France de basket alors qu'il était déjà « vieux » (jeune adulte) : « J'ai su m'adapter très vite, en observant et en laissant faire ; c'était magique ! »

Arriver à ne pas réfléchir, à laisser faire vos automatismes, vos perceptions, votre cerveau, est une marque de la spontanéité chez un enfant précoce. Cultivez-la précieusement car c'est le signe que votre enfant fonctionne bien et qu'il est en phase avec lui-même.

LES CHANSONS

Chantez-lui une chanson pendant qu'il doit terminer son activité, et vous utiliserez un canal attentionnel. Faisant en somme deux choses en même temps, il sera plus à même de terminer la première.

La parole étant séquentielle, cela oblige donc leur esprit à ne plus faire que chanter, et s'habiller, et se laver les dents, et mettre le couvert… sans plus se disperser.

Si vous ne lui chantez pas vous-même une chanson, choisissez-en une ensemble qui deviendra comme un rituel.

Souvent les enfants précoces font cela spontanément… à l'école et se font rabrouer.

Pourtant, j'en ai rencontré qui terminaient leur travail de cette façon-là, vite et bien, alors qu'ils ne savent plus quoi faire autrement.

Cela favorise également leur processus intuitif.

Vous pouvez également, selon vos idées, inventer une poésie, simplement fredonner… le but est de les sortir de leurs flux de pensées.

Et surtout n'hésitez pas à les aider ou à faire avec eux : le but étant de terminer la tâche qu'ils ont commencée, pas d'être autonome.

LE BRUIT DE FOND

Mettre un fond sonore, une musique (que l'on n'a pas envie de chanter à tue-tête), la télé que l'on ne regarde pas, occupe également un canal attentionnel.

Il doit s'agir de quelque chose que votre enfant ne souhaite pas écouter. Cela aura comme effet de le recentrer sur lui-même et de renforcer sa concentration.

15

Pour que le marchand de sable passe plus tôt

Le sommeil débute par une phase de sommeil léger, stade de transition entre l'éveil et le sommeil, un peu comme une phase de somnolence.

S'ensuit le stade deux, sommeil confirmé qui conduit au sommeil profond.

Au bout d'environ quatre-vingt-dix minutes apparaît le sommeil paradoxal, au cours duquel l'activité cérébrale est intense, assez proche de l'éveil, avec des mouvements oculaires rapides. Paradoxalement, les muscles sont atones et le corps inerte. C'est pendant cette phase qu'ont lieu les rêves.

Le sommeil paradoxal représente environ 20 % de la durée totale du sommeil, si bien que l'on passe une heure trente à deux heures à rêver.

Ces différents stades constituent un cycle de sommeil. Sa durée est de une heure trente à deux heures. Une nuit comporte de quatre à six cycles, d'où une moyenne de huit heures chez l'adulte.

La première partie de nuit est riche en sommeil profond ; la seconde voit alterner sommeil léger et sommeil paradoxal.

Il semble aujourd'hui acquis que le sommeil paradoxal est lié à l'efficience mentale, et notamment l'apprentissage.

C'est en effet un sommeil récent dans l'évolution des espèces qui n'existe pas chez les reptiles, mais apparaît avec les oiseaux et dont la quantité augmente au fur et à mesure que l'on s'élève dans l'échelle animale.

Il augmente également lorsqu'on apprend un nouveau comportement, et la moitié du sommeil du nourrisson est du sommeil paradoxal, ce qui est à mettre en lien avec l'apprentissage intensif qui le caractérise.

Chez l'enfant précoce, le nombre de cycles de sommeil est de six, alors qu'il est de quatre chez les autres enfants. Cela vient du fait que les cycles de sommeil sont plus courts (soixante-dix minutes) et que la première phase de sommeil paradoxal apparaît plus tôt.

La durée de sommeil paradoxal est donc plus élevée que chez les autres enfants et leurs rêves plus nombreux.

Les rêves se produisent sur un terreau qui est celui des émotions de la journée. On sait qu'une personne anxieuse fera des rêves teintés d'anxiété, une personne gaie des rêves teintés de gaieté…

Le cerveau prend, en quelque sorte, une ou des images fortes de la journée et les «triture» en dehors de notre conscience.

L'enfant précoce rêvant plus et étant plus sensible, emmagasine ainsi un plus grand substrat pour ses rêves, qui peuvent souvent dégénérer en cauchemars voire en terreurs nocturnes et en somnambulisme.

Le cerveau de l'enfant précoce ne fait que peu de pauses dans sa journée. Arrive le soir, le moment calme et la possibilité alors de laisser libre cours à des pensées et des idées spontanées.

QUESTION 8

Stéphane et Marie sont frères et sœurs.

☐ a) En se levant, Marie s'attable devant son chocolat et termine son petit-déjeuner sans penser à rien.

☐ b) Stéphane se lève, joue un peu, vient déjeuner après avoir été appelé plusieurs fois, discute en déjeunant et en oublie de manger, et lit un livre en prenant son petit-déjeuner.

LES CONVERSATIONS

Le soir, et plus précisément le moment de s'endormir, après l'histoire et les rituels, est véritablement le seul espace de libre cours de leur cerveau.

Arrivent alors les questions métaphysiques, scientifiques, sociales, et/ou le récit de la journée, de ce qui s'est passé à l'école, des anecdotes ou des sujets de préoccupation.

Ce moment, parfois long, est également le reflet de sa conscience de la finalité de l'existence et traduit encore une fois son besoin de réassurance, son besoin, indispensable de ne pas vous quitter fâchés.

Acceptez-le et acceptez d'y répondre, au moins en partie.

Instaurez une règle qui est de ne pas partir dans une exploration de l'univers, mais limitez-vous à un ou deux sujets par soirée.

Comme, avec un enfant précoce, ce qui est fait une fois devient acquis de manière permanente, une deuxième règle est que cela ne doit pas empiéter sur le temps de sommeil : s'il arrive qu'un soir votre enfant soit couché plus tard, alors vous devez réduire l'une ou l'autre des activités (rituel, réponse, livre…).

LES RITUELS

Les enfants précoces, plus que les autres, ont besoin de repères.

Les rituels du soir sont particulièrement importants pour les aider à avoir un sommeil de bonne qualité.

N'oubliez pas que ce sont des enfants particulièrement sensibles et qui montrent des différences de maturité d'un domaine à l'autre.

D'une grande maturité dans leurs sujets de conversation par exemple, ils ont une autonomie et une indépendance moindres dans certains domaines, et leur besoin d'affection est énorme.

Gardez cela présent à l'esprit et continuez de vous occuper d'eux le soir comme s'ils étaient plus jeunes.

Même s'ils savent lire, lisez-leur vous-même une histoire : non seulement vous y mettrez l'intonation et reproduirez les voix des personnages, mais ce moment de partage leur conférera une plus grande quiétude pour la nuit.

LE PIÈGE À CAUCHEMAR

Le piège à cauchemar est un appareil que vous construirez avec votre enfant.

Il a pour but de changer sa croyance selon laquelle il fait des cauchemars.

Les croyances sont en quelque sorte des évidences auxquelles l'on croit. Si l'on s'endort en étant persuadé que l'on fera un cauchemar, alors il y a des chances que cela se produise.

Si par contre vous vous endormez en étant convaincu que vous dormirez bien, il y a également de grandes chances que cela se produise. Le travail sur le remplacement des croyances est quotidien en thérapie et efficace.

Avec les enfants, et particulièrement les enfants précoces, qui montrent une grande imagination, cela s'avère encore plus efficace.

Le principe du piège à cauchemar est de décentrer le problème en changeant la croyance.

Fabriquez ce que vous voulez en n'oubliant pas l'histoire qui va avec :

- Le piège à cauchemar est là pour empêcher les cauchemars d'atteindre votre enfant, car ils seront mangés ou piégés au préalable.
- Les beaux rêves sont empêchés de partir.
- Vous en trouverez de tout fait dans le commerce, mais il est important d'investir l'activité avec votre enfant et de le construire ensemble.

Vous le fabriquez en prenant une assiette en carton que vous évidez au milieu. Vous enroulez de la laine tout autour (autant de couleurs que le souhaite votre enfant). Au milieu, vous passez des brins de laine dans lesquels vous avez préalablement inséré une perle. Vous terminez par deux ou trois plumes accrochées au bout d'un fil.

Vous suspendez le tout à côté du lit de votre enfant.

Les perles mangent les cauchemars ; les plumes renvoient les belles images.

Pour que cela fonctionne, il faut que chaque matin au réveil votre enfant constate que les perles ont changé de place, et qu'elles ont donc joué leur rôle de piège à cauchemar. Pour cela, n'oubliez pas chaque soir de faire regarder leur position à votre enfant au moment de se coucher, et n'oubliez pas de faire bouger les perles la nuit.

Le résultat est spectaculaire et durable.

Vous pouvez utiliser ce principe pour construire un piège à monstres, que vous laisserez au pied du lit de votre enfant.

Il peut être fait avec des morceaux de bois, une petite boîte pour y enfermer les monstres…

LE SPRAY ANTICAUCHEMAR

Un spray empli de parfum d'ambiance, ou simplement d'eau, que vous vaporisez dans la chambre de votre enfant au moment de dormir.

Prenez soin de coller l'étiquette idoine et de rajouter l'histoire correspondante (reine des fées...).

En règle générale, vous pouvez inventer n'importe quel outil. Il marchera tant que vous inventerez l'histoire qui va avec.

LA POUDRE SOMNAMBULIQUE

Le principe est là aussi de changer la croyance de votre enfant selon laquelle il ne dort pas bien.

Pour ce faire, rien de tel qu'une poudre somnambulique (sucre coloré, tisane en poudre...).

À condition qu'elle ait été livrée par un personnage merveilleux.

Corentin ne dormait pas bien jusqu'à ce que le roi des elfes lui donne un paquet de poudre somnambulique, livré dans une châtaigne évidée, avec un petit mot écrit sur un papier de deux centimètres carrés.

LES MASSAGES

Les massages ont une double vertu : partager un moment de tendresse avec vous, et détendre votre enfant en le préparant au sommeil.

Point n'est besoin d'une formation pour cela : laissez aller votre intuition et massez votre enfant, comme si vous lui prodiguiez des caresses, un peu plus accentuées.

Cela peut n'être qu'un massage de visage, ou du corps entier.

LES DOUDOUS

Il est rare qu'un enfant précoce n'ait pas de doudou.

Celui-ci lui prodigue confort, sécurité, et, plus encore, c'est un ami avec lequel il vit de nombreuses aventures.

C'est un véritable ami qui a une personnalité propre et dont votre enfant a véritablement besoin.

Car un enfant précoce est un enfant dont le monde imaginaire est sans limites, et surtout dans lequel il peut vivre de véritables histoires.

Ne vous formalisez pas s'il le garde longtemps après l'âge auquel vous pensez qu'il devrait s'en passer.

Hugo, treize ans, a non seulement encore ses doudous, mais il joue avec ses jouets de tout-petit (quand il avait deux, trois ans).

Leur mémoire est telle, qui associée à leur sensibilité leur fait tisser de véritables liens émotionnels avec leur monde. Ils en ont besoin.

16
Les amis

Les amis font partie de la vie sociale des enfants.

Lorsque votre enfant arrive à l'école maternelle, il est avide de connaissances : tant humaines que théoriques.

Il est important qu'il sache comment se comporter avec ses pairs.

Un enfant peut montrer plus ou moins de facilités, mais c'est surtout à vous, ses parents, qu'il incombe de lui apprendre comment nouer des contacts, comment les conserver.

Je me souviens de ces parents qui me racontaient comment leur petit garçon de deux ans se précipitait sur tous les enfants, pour jouer avec eux, s'arrêtait devant eux, et attendait.

Intelligemment, ses parents lui ont appris qu'il valait mieux s'arrêter à une distance un peu plus grande, dire : « Bonjour, est-ce que je peux jouer ? »

Ils lui ont ensuite enseigné qu'il était normal que tous les enfants ne veuillent pas jouer avec lui, que certains, déjà en groupe, restaient dans leur groupe…

Ils lui ont enseigné les codes de la vie en société.

À l'inverse, je reçois de nombreuses familles dont les enfants sont isolés. Ceux-là, dans leur grande majorité, ont « appris » à considérer que les autres étaient « bêtes ». Comment, dès lors, se faire des amis ?

La clef consiste à prendre les autres comme ils sont, grands ou petits, blonds ou roux, plus sensibles ou moins, plus intelligents ou moins… différents et chacun d'apporter quelque chose à l'autre.

FÂCHÉ-DÉFÂCHÉ

L'enfant précoce, différent par essence des autres enfants, éprouve encore plus que les autres ce besoin de savoir comment faire, ces codes de la vie en société.

Pour lui, sensible et juste, et pour qui les mots ont un sens précis, il est impensable qu'un copain puisse, par exemple, lui dire qu'il n'est plus son copain et qu'il n'a plus le droit de jouer.

Pour lui, c'est une condamnation sans appel, ferme, définitive et… douloureuse.

Il ne sait pas que, dans la tête de l'autre, demain sera un autre jour, et que ces paroles n'ont donc aucun sens.

Souvent, les parents me disent : « Oh, ça leur passera ! »

Certainement, mais pas sans avoir laissé de cicatrices à votre enfant.

Lorsque je reçois des enfants, je leur explique que les autres ne fonctionnent pas à l'identique, qu'il leur faut apprendre à se « défâcher », que les grandes personnes font de même.

GRAND CHEF LA TROUILLE

Je leur apprends également que ces enfants qui font les «chefs» manquent en réalité de confiance en eux. Qu'en somme, ils font leur «intéressant» (expression qu'ils connaissent pour l'avoir entendue à l'école) car ils pensent ne pas l'être, et qu'il s'agit d'une contenance, car dans le fond ils ont la «frousse» de tout.

Que si on les voyait en dehors de l'école, dans une situation différente, seuls tous les deux, il verrait que son copain-chef a peur.

Ce à quoi ils me répondent immanquablement «oui, c'est vrai» et ils m'en donnent des exemples.

Alexandre, chef incontesté de la classe de CE1, qu'Alexis avait emmené à une fête foraine, faisait le «mariolle» dans la file d'attente des *water-balls*, pour se mettre à hurler de peur une fois dans la bulle sur le bassin d'eau.

De même, Clara, que Louise emmenait au cours de danse, s'est liquéfiée devant le professeur.

QUESTION 9

Marie-Hélène et Lucas ont un exercice d'arithmétique à terminer.

☐ a) Pour additionner ses chiffres Marie-Hélène utilise toujours un chemin personnel, ajoutant d'un côté, retranchant de l'autre, et complétant ainsi son opération : 7 + 8 devient 5 + 2 + 5 + 3.

☐ b) Lucas a appris ses tables d'addition et sait sans réfléchir que 7 + 8 font 15.

J'AI MAL, JE FAIS MAL

L'enfant précoce montre une grande incompréhension devant la méchanceté, car elle n'a aucun sens pour lui.

Pourquoi diable dire des méchancetés, pour le lendemain les avoir oubliées ?

Expliquez-lui que la souffrance est l'un des plus grands moteurs des comportements blessants.

Imaginez en effet que vous veniez de vous cogner et que vous vous soyez fêlé le bras ; vous ressentirez une forte douleur. Imaginez maintenant que quelqu'un vous bouscule par mégarde : vous allez hurler de douleur et crier après la personne qui vous a heurté. Cette personne ne vous a pas fait mal intentionnellement et pourtant c'est vers elle que vous vous retournez.

Il en va de même de nos mauvaises attitudes : elles sont initiées par notre souffrance intérieure et, dans le fond, elles ne sont pas contre les autres, mais par rapport à nous-mêmes, à ce que nous ressentons au fond de nous.

LA PORTE FERMÉE

Un de mes collègues utilise cette métaphore : vous voulez sortir et la porte ne s'ouvre pas ; sans réfléchir vous réessayez de l'ouvrir avec plus de fermeté, voire en la secouant du plus que vous pouvez ; fermée elle est, fermée elle reste.

Que faire ? Regarder autour de vous pour emprunter un autre chemin.

J'aime cette métaphore, car nous avons tous vécu cette situation.

Elle illustre particulièrement bien, je trouve, l'idée qu'il faille prendre ses copains comme ils sont, sans essayer de les changer.

Ce n'est pas parce qu'ils se comportent différemment de votre enfant qu'ils ne doivent plus être des amis.

Utilisez cette image, pour apprendre à votre enfant à ne pas se battre contre des moulins à vent.

INVITER À JOUER

Les amis étant ce qu'ils sont, si vous ne voulez pas que votre enfant reste isolé, il vous appartient de les inviter régulièrement.

Soit de manière formelle, pour un anniversaire par exemple.

Soit au débotté à la sortie de l'école, pour quelques heures.

Par ricochet, votre enfant sera alors invité chez les autres.

À l'inverse, la maman de Gauthier venait me voir car son fils n'était jamais invité aux anniversaires.

Elle me dit qu'en fait, habitant dans un autre arrondissement de Paris que celui où son fils était scolarisé, elle ne pouvait jamais inviter personne.

Qu'au début elle refusait toutes les invitations, et que le week-end elle partait à la campagne et n'était donc pas là.

Je comprends que ce soit parfois contraignant d'avoir des amis à la maison, mais votre enfant, plus que les autres, a besoin de cette vie sociale.

EMMENER DES COPAINS À DES SORTIES

De même, si vous allez faire des sorties, un parc de loisirs, un musée, un concert, un cinéma… emmenez un copain de classe.

Cela aura deux corollaires : le premier d'approfondir le lien avec le copain en question ; le second de lui faire partager un centre d'intérêt de votre enfant.

Il passera ainsi moins pour un ostrogoth puisqu'ils seront deux à pouvoir en parler.

S'EN COUPER, TEMPORAIREMENT

Les amis sont merveilleux, et votre enfant a besoin d'eux.

Étant toujours en leur compagnie du matin au soir et cinq jours sur sept, son cerveau est en permanence empli des histoires entre les uns et les autres, des amitiés qui se font et se défont, des trucs de filles et des bagarres de garçons.

Le cerveau de votre enfant a ainsi besoin de souffler de ces histoires, et sans le couper de ses amis, de ne pas être toujours avec eux et de prendre de la distance.

Veillez à ce qu'il ne passe pas tout son temps libre avec eux, que ce ne soit pas tous les jours de toutes les vacances, ni tous les jours du week-end.

De même qu'il partage des activités avec eux, mais pas toutes : il a besoin d'investir des activités propres qui lui feront également découvrir d'autres amitiés.

PARTICIPER À DES « TRUCS DE VILLAGE »

Si vous tissez des liens dans votre quartier, ou votre village, cela aura des retombées sociales sur votre enfant : il connaîtra tout le monde et sera intégré comme les autres enfants.

Certains me répondent que ça n'est pas intéressant, que ça n'est pas « intellectuellement satisfaisant » : c'est possible, mais la question n'est pas là. D'une part votre enfant n'est pas l'« intello de service », et c'est justement une étiquette dont vous ne voulez pas pour lui si vous voulez qu'il ait des amis.

La question est donc bien celle de son intégration sociale.

Si vous participez à la fête de votre village ou de votre quartier, aidez à l'organiser, faites partie du comité des fêtes…, alors votre enfant y retrouvera ses copains de classe et sera comme eux.

LE SAC DE BONBONS

Il peut arriver que votre enfant soit mis, pour une raison ou une autre, au ban des copains.

En premier lieu, je dirais que la raison importe peu.

Bien évidemment, si c'est le cas, allez trouver son enseignant et demandez-lui d'intervenir. Ne vous dites surtout pas, comme la maman de Louis, huit ans, qu'il n'a qu'à régler le problème seul. Votre enfant a besoin de vous, et c'est votre rôle de l'accompagner en lui montrant le chemin.

Éventuellement, parlez aux parents des enfants concernés.

Et surtout, donnez à votre enfant un sac de petits cadeaux qu'il distribuera à tout le monde dans la cour.

Ce peut être des bonbons, des petits jouets en plastique d'anniversaire, des pierres « précieuses »... tout ce qui permettra à votre enfant d'être à nouveau ami avec tout le monde.

Et ne dites pas que vous achetez leur amitié, c'est un argument qui ne tient pas, car le but est bien l'intégration de votre enfant.

J'ai régulièrement conseillé cet outil à des parents qui m'en ont confirmé l'efficacité.

PARTAGER AVEC LA CLASSE

Apportez des objets permettant à votre enfant d'expliquer à la classe une activité ou une sortie qu'il a faite et qu'il a appréciée.

En la présentant à la classe entière, vous évitez le risque qu'il ne soit pas cru.

Cela lui permet de se sentir progressivement plus à l'aise en parlant devant les autres.

Le papa de Manon me disait combien la maîtresse de CM1 l'avait trouvée assurée lorsqu'elle avait fait son premier exposé, beaucoup plus que la seconde petite fille avec qui elle l'avait préparé et avec qui elle le présentait.

17
Je suis épuisé alors que je ne fais rien !

Je me souviens de cet étudiant parti en stage en Californie. Il se trouvait dans une usine de mise en boîte de fruits. La majorité des ouvriers étaient mexicains, de petite taille, et toutes les machines de la chaîne de production leur étaient adaptées. Mon étudiant mesurant plus de un mètre quatre-vingt-dix, il devait se plier afin de faire son travail. Il se retrouvait ainsi chaque soir le dos cassé, fatigué d'avoir dû s'adapter à un environnement qui n'était pas fait pour lui.

C'est exactement ce que ressent en permanence votre enfant, et c'est ce qui cause une fatigue énorme et quotidienne.

« Je ne comprends pas pourquoi la maîtresse nous donne ces devoirs ! », me disait une petite fille de huit ans. Lui faisant préciser son incompréhension, elle me dit : « Je ne vois pas l'intérêt de refaire pour la cinquante millième fois ce qu'on sait depuis longtemps ! »

Ou ce petit garçon : « Tu ne veux quand même pas que je te réponde que 10 + 2 ça fait 12 ! Pas au CM1 tout de même. »

Cela vaut dans le domaine scolaire, qui est le plus visible car le siège de questions appelant des réponses précises, mais également à la maison. Là, vous percevez moins le décalage des réponses de votre enfant, mais il est bel et bien là.

Ainsi Sonia, en retard chaque matin à l'école, s'épuisait à ne pas comprendre pourquoi être à l'heure : « Tu comprends, il y a quand même des choses plus graves dans la vie que d'être à l'heure à l'école ! »

Il vous appartient de surveiller cette fatigue pour y faire face.

CONTRAT DE CONFIANCE POUR ARRÊTER SON CERVEAU

Les parents de Joanne viennent me voir avec leur fille de neuf ans, juste avant les vacances de la Toussaint. L'école n'est recommencée que depuis cinq semaines et leur fille est effectivement au bord de l'épuisement. Pour utiliser des mots que l'on connaît tous, un adulte serait au bord du burn-out ; la médecine n'a pas encore créé de concept équivalent pour un enfant, alors que c'est bien ce dont il s'agit.

Son cerveau ne s'arrête jamais, mais il ne fonctionne pas dans une direction épanouissante ; il se fait des « nœuds », ce qui nécessite une énorme énergie mentale et est épuisant.

De plus, Joanne ne dort pas bien, trop fatiguée pour cela et son cerveau trop fatigué la rend irritable, lorsqu'il ne la conduit pas à mésinterpréter de nombreuses paroles et situations.

Joanne est capable de l'entendre et de comprendre qu'elle n'est pas loin d'être malade.

Je propose à cette famille une sorte de contrat de confiance pour la reposer et arrêter son cerveau.

Le principe est simple, et efficace : sans réfléchir ni se poser la moindre question (arrêt du cerveau), elle doit faire ce que lui demandent ses parents.

Elle qui, pourtant, a toujours besoin de comprendre les choses l'accepte et le fera sans discuter : elle sait que c'est pour lui éviter de tomber malade.

Faites de même avec votre enfant : expliquez-lui qu'il a besoin, dans certaines circonstances, d'arrêter son cerveau pour qu'il puisse mieux fonctionner dans d'autres, et proposez-lui ce contrat de confiance.

Il sera soulagé, plus serein et reposé.

Ne vous cantonnez pas au domaine scolaire, passez ce contrat pour toute demande que vous jugez importante et pour laquelle votre enfant a pris l'habitude de pinailler : le moment de se coucher, de faire ses devoirs, de venir à table, de s'habiller, de partir à l'école…

ADOPTER UN ANIMAL

Adopter un animal est une solution extrêmement efficace : cela permet de décentrer votre enfant de sa problématique.

Son attention est en quelque sorte détournée, il pense plus alors à son animal et les effets en sont immédiats et miraculeux.

Chloé montrait des terreurs nocturnes et était somnambule jusqu'au jour où Cendrillon, petite chatte, est entrée dans sa maison et a dormi avec elle.

Tout se passe alors comme si votre enfant avait un nouveau camarade, en permanence là pour jouer avec lui.

EXPLIQUEZ-MOI QUI JE SUIS !

Une question revient souvent, à savoir s'il faut, ou non, expliquer à un enfant précoce qu'il est différent. La réponse est « oui » sans aucune équivoque !

Francine me parlait de son fils de douze ans, sachant qu'il est précoce, et se refusant à lui en parler : « Vous comprenez, déjà qu'il ne se prend pas pour rien, et qu'on a en permanence besoin de lui serrer la vis, si en plus il apprend qu'il est surdoué, sa prétention sera sans limite, et on ne pourra plus rien en tirer. »

Erreur que celle de cette dame, qui n'a pas compris que son enfant montre ces attitudes par incompréhension profonde de lui et des autres.

Lui parler ne veut pas dire d'en faire un extraterrestre, comme cette autre maman me disait : « Je ne veux pas qu'il soit stigmatisé ! »

Différents, ils le sont ! Et ils le savent, ou plutôt, le sentent.

Ne pas leur fournir d'explications ou de clefs de décodage, revient à les construire de travers.

Leur expliquer revient à leur donner les moyens de suivre leur propre chemin.

Il est bien évident que le choix des mots et des concepts que vous utiliserez est important.

Si vous faites comme le papa de Robin et lui expliquez que tous les autres sont des « crétins », il ne faut pas s'étonner (comme il le faisait) que son fils soit isolé dans la cour et n'ait pas d'amis.

À la question de son père : « Mais Robin, est-ce que tu le leur fais sentir ? », « Oui évidemment » fut la réponse qui fusa de la part de l'enfant.

Un enfant précoce sait qu'il est différent. Il l'a toujours su, ou senti. Moins vous le lui dites, plus vous le faites se sentir anormal.

Il vous suffit de reconnaître qu'il est différent et de le lui dire. Il sera soulagé. Expliquez-lui que certains sont plus grands en taille, d'autres plus petits, que certains sont bruns, d'autres blonds, et qu'aucun n'est mieux, ou moins bien, que les autres : son ouverture d'esprit comprendra.

Expliquez-lui que d'être grand est une facilité pour jouer à saute-mouton, mais que cela crée une difficulté pour les autres. Dites-lui que sa façon est différente et que, tous ensemble, vous allez en faire un atout.

Et surtout, expliquez-lui comment fonctionne Archimède : il prend en compte différents éléments et il les laisse mûrir, tout simplement sans rien faire de plus. Donc si le résultat n'arrive pas, c'est que, soit il manque des éléments, soit qu'il manque de temps.

S'IMPLIQUER DANS L'ÉCOLE

Plus que d'autres, votre enfant a besoin de se reposer sur vous, de savoir que vous au moins vous le comprenez, vous savez qu'il est différent et normal.

Plus que des paroles, si vous pouvez vous impliquer dans son école, vous lui montrerez que sa vie vous importe.

De nombreuses possibilités s'offrent à vous :

- faire partie d'une association de parents d'élèves ;
- être actif dans la préparation d'un spectacle ou de la kermesse ;
- dire chaque jour ou régulièrement un mot à la maîtresse pour mieux faire connaissance ;
- faire envoyer une carte postale de vacances ;
- lui rapporter un souvenir de week-end, ou d'une sortie ;
- proposer d'accompagner une sortie de la classe ;
- prêter des livres ou des objets en rapport avec les leçons, etc.

QUESTION 10

Damien et Gilles sont tous les deux en CE1.

☐ a) Gilles regarde de temps en temps voler les mouches ; il se fait reprendre car il ne sait plus ce qu'il devait faire.

☐ b) Damien baye souvent aux corneilles, mais il n'oublie jamais ce qu'il a à faire.

PARLER À LA MAÎTRESSE

Parler à la maîtresse est pour moi incontournable.

Pourquoi ? Parce que votre enfant n'est pas seulement précoce, dans le sens premier de ce terme. En effet, « précoce » veut dire qu'il acquiert certaines capacités et compétences avant les autres ; les mêmes compétences ; qu'une fois que les autres les auront également acquises, toute différence sera nivelée.

Il n'en est rien, car au-delà de la précocité, voire de la plus grande intelligence, il s'agit avant tout d'un fonctionnement intrinsèquement très différent, qu'il conservera toute sa vie durant.

Les adultes que je reçois en sont la preuve vivante, ils viennent me rencontrer pour que je les aide, non pas à mieux se connaître, car ils savent et sentent qui ils sont, mais surtout à apprendre à tirer parti de leurs différences, pour trouver des solutions qui soient les leurs, et pour tisser des liens harmonieux avec les autres.

C'est pourquoi il me semble évident que vous devez accompagner votre enfant et lui permettre de mettre en place, dès tout petit, des outils qui lui soient propres.

Certains me répondent qu'ils sont ainsi stigmatisés. Je ne suis pas d'accord : ils sont reconnus dans leur personnalité profonde et peuvent alors l'exprimer librement.

Donc allez trouver l'enseignant de votre enfant et expliquez-lui la situation simplement.

Il est vrai que certains sont réticents car ils ont reçu nombre de parents qui voulaient faire sauter une classe à leur enfant.

La question n'est pas là, pas forcément.

Elle est, ensemble, en créant une équipe bienveillante, de permettre à votre enfant de s'épanouir.

De par mon expérience, si vous parlez avec cet état d'esprit et sans exiger quoi que ce soit, il y a toutes les chances que cela se passe bien.

Plusieurs solutions s'offrent alors à vous.

Soit vous décidez ensemble, avec l'équipe éducative, d'être vigilant et à l'écoute de votre enfant, en lui proposant différents aménagements.

Soit vous souhaitez, ensemble, aller plus loin, et vous pourrez envisager, les enfants précoces relevant de ce dispositif, la mise en place d'un Plan personnalisé de réussite éducative.

En effet, « les élèves intellectuellement précoces (EIP) doivent bénéficier de réponses individualisées. Dans chaque académie, un référent EIP est l'interlocuteur privilégié pour les parents et la communauté éducative. Pour assurer le suivi et la prise en charge de ces élèves dans les meilleures conditions, il convient de privilégier trois orientations : la formation, la lisibilité des structures et leur développement dans l'enseignement public » *(Orientations et instructions pour la préparation de la rentrée 2012)*.

TROISIÈME PARTIE

À l'école

Les enfants à haut potentiel ont préférentiellement un traitement global et simultané de l'information. Ils montrent une pensée plus rapide et intuitive. Ce fonctionnement peut être source de difficultés puisqu'il n'est pas partagé par l'ensemble de la classe et que l'enseignement est proposé majoritairement de manière répétitive et séquentielle.

En premier lieu, l'ennui, que les enfants eux-mêmes n'expriment pas ainsi, peut provenir d'un rythme d'acquisition très rapide et d'une grande mémoire.

L'enfant comprend vite et peut se déconcentrer, ce qui peut entraîner une démotivation et un manque d'intérêt.

Conséquence de la capacité de l'enfant précoce à effectuer un raisonnement intuitif et à comprendre vite, l'absence de méthode et d'efforts. Cela conduit fréquemment à une difficulté à expliciter comment il procède pour résoudre un problème de mathématiques.

L'enfant peut manifester son manque d'implication suivi de nombreuses erreurs, voire son opposition, notamment dans des tâches répétitives (recopier, apprendre par cœur) ou jugées inutiles.

Même si votre enfant est pris en compte dans sa différence, il aura besoin au quotidien d'un certain nombre de stratégies, de techniques et d'outils lui permettant de répondre à la question demandée, à sa façon.

La première question qui le taraude rapidement est celle de sa place à l'école.

18
Qu'est-ce que l'école ?

L'enfant précoce, avide d'aller à l'école, ne se retrouvera que rarement dans les enfants qui pleurent chaque jour pour aller en maternelle.

Pour lui, école est synonyme de découvertes, d'enrichissements, d'apprentissages nouveaux.

Il déchantera malheureusement assez vite lorsqu'il se rendra compte de l'aspect répétitif et redondant, non seulement dans une même année, mais d'une classe à l'autre.

Son investissement se transforme alors en désillusion, voire en frustration et en amertume.

Il importe d'expliquer à votre enfant le rôle de l'école, pour lui, c'est-à-dire ce qu'il peut en attendre, mais aussi pour les autres, lui expliquer la règle du jeu, le mode de fonctionnement de ses camarades, pour l'aider à ne pas lâcher prise ni à s'isoler dans la cour.

QUESTION 11

On dit souvent de Jessica et Alexis qu'ils ne savent pas se concentrer et qu'ils n'ont pas de constance dans les activités.

☐ a) Jessica papillonne d'un jeu à une activité manuelle, pour prendre un livre et regarder la télévision. Elle n'investit pas grand-chose.

☐ b) Alexis a de nombreux centres d'intérêt. Il passe d'une activité à une autre, et peut s'y consacrer longtemps si cela a du sens pour lui.

LA RÈGLE DU JEU

Ce qu'est l'école en réalité ne correspond pas à ce qu'en attend l'enfant précoce.

Pour lui, apprendre veut dire découvrir quelque chose de nouveau.

Travailler, veut dire faire un effort.

Réviser sous-entend que l'on ne sait pas encore.

Autant de définitions qui posent problème à votre enfant.

Pour l'enfant précoce, apprendre sa leçon est un non-sens et traduit son incompréhension du système : apprendre implique qu'il ne sait pas.

Or il a, la plupart du temps, retenu en l'écoutant ce que son enseignant lui expliquait. De retour chez lui, et voyant ses amis passer du temps à apprendre, il se trouve perdu.

Il ne le formalise pas ainsi, mais cela se traduit par un temps insensé mis à restituer sa leçon : ne comprenant pas, il se complique la tâche, se perd en route, ne sait plus ce qu'il doit faire, et finit par le faire en plus de temps que les autres.

L'effort dans le travail lui est de même inconnu : tout, ou presque est simple et, comme me le disent quasi tous les enfants que je reçois, « On ne travaille pas à l'école » ou « On n'a encore rien fait aujourd'hui ».

Votre enfant a donc besoin que vous lui décodiez le sens des consignes, et surtout que vous les transposiez en fonction de sa personnalité.

Pour cela, vous pouvez lui demander de reformuler ce qu'il pense devoir faire, avec ses propres mots, ou lui poser la question autrement.

Que vous lui expliquiez que tous les enfants ne fonctionnent pas de la même manière, que certains sont plus rapides, que d'autres ont besoin de plus de répétitions.

Il sait alors que les consignes doivent lui être adaptées : qu'apprendre sera pour lui synonyme de relecture et de révision.

« ON NE M'A PAS MIS SUR TERRE POUR ME TUER À TRAVAILLER MAIS POUR VIVRE À MA MANIÈRE[1]. »

Parce qu'ils ont des facilités, nombre d'enfants précoces, et leurs proches, pensent qu'ils doivent non seulement être bons élèves, mais encore des élèves brillants.

Qu'étant donné qu'ils disposent des connaissances requises et des capacités de raisonnement, il est logique qu'ils soient dans les premiers, et, plus encore, que ce soit du gâchis de ne pas exprimer ce potentiel.

On peut, à l'inverse, penser que c'est de l'intelligence ; de l'intelligence adaptative : car pourquoi faire plus quand l'objectif est atteint en mobilisant peu de moyens ? Quand faire plus apportera… quoi d'ailleurs ? Rien de bien intéressant. Certains sont dans cette veine. Qu'on s'évertue à tarir en leur expliquant que se reposer sur ses lauriers finira inexorablement par conduire à un manque de discipline, d'esprit d'effort…

Les autres, eux, se mettent tout seuls une pression de compétition pour atteindre le sommet le plus haut.

Morgane, dix ans, travaillait de plus en plus, suite à quelques erreurs d'inattention qui l'avaient conduite à n'avoir que 19 ou 19,5 sur 20. Erreurs d'inattention, cela voulait dire, pour elle, qu'elle avait les capacités d'atteindre le 20/20, qu'elle pouvait bien évidemment les éviter, qu'il lui suffisait pour cela de travailler plus, ce qui la fatiguait davantage, provoquant plus d'erreurs, l'obligeant à travailler d'autant plus, la fatigant encore plus…

Les enfants, tous, se trouvent aujourd'hui soumis à une forte pression, sociale, parentale, sociétale, éducative, pour n'avoir que de très bonnes notes.

A fortiori les enfants précoces.

1. Eddie Constantine, « Et bâiller, et dormir ».

Il faut accepter l'idée que, sous couvert d'enrichissement, d'approfondissement, ce qui leur est indispensable, ils n'ont pas à « trimer » comme des forçats.

Que leur intelligence les en dispense !

Qu'ils puissent en faire le minimum, tant que le résultat escompté est là !

Qu'ils puissent manifester leur droit à l'imperfection ainsi !

Qu'ils puissent profiter de la vie !

PAS PASSIONNANT, PAS DIFFICILE

L'enfant précoce a besoin qu'on lui explique que l'école est là pour apprendre à lire et à écrire, pour vivre ensemble et se faire des amis.

Ce n'est pas forcément l'endroit où l'on découvre des choses nouvelles ou passionnantes, mais c'est là que l'on peut partager ses propres connaissances.

Sans tomber dans l'excès inverse qui serait que rien n'y est intéressant.

Par contre, il n'y a rien de difficile.

Ce faisant, vous contournez la difficulté en trouvant un objectif détourné à l'école : se faire des amis, jouer dans la cour…

Vous pouvez aider votre enfant à prendre conscience des bons côtés de l'école en lui faisant compter les bons et les mauvais côtés : mais attention, orientez-le pour que la solution penche du bon côté !

LE RÔLE DE LA MAÎTRESSE

Sachant que l'on attend de lui qu'il « travaille » à l'école, et ne travaillant pas (n'oubliez pas que ce sens veut dire pour lui faire comme les camarades, c'est-à-dire fournir un effort), l'enfant précoce ne sait pas valoriser ses réussites.

Lorsque je demandai à Coralie : « Pourquoi crois-tu que la maîtresse ait corrigé ta dictée ? », car elle n'avait pas tenu compte de ses corrections et avait refait exactement les mêmes erreurs, elle me répondit : « Pour gagner plus de sous ; plus elle corrige, plus elle est riche ! »

La maman de la même Coralie me disait qu'à chaque rentrée scolaire sa fille pensait ne pas avoir le niveau car la maîtresse avait, une fois de plus, mis de bons résultats pour être gentille.

Cela est logique et nécessite que vous expliquiez à votre enfant le rôle des enseignants : ils sont là pour aider votre enfant, l'accompagner pour lui faire acquérir les connaissances qu'il devra savoir plus grand…

PAS DE PIÈGES

Chaque année depuis le CP, la maman de Quentin va trouver sa maîtresse.

Une année, car il ne sait plus compter à la maison ; une autre, il ne sait plus lire ; une troisième il ne sait plus écrire les mots qu'il connaît depuis le CP ; la dernière, car il n'arrive plus à répondre à des questions simples.

Il aura fallu toutes ces années avant que Quentin ne me réponde d'un air perplexe et désemparé : « Ce n'est pas trois que tu attends comme réponse ? Il y a un forcément un piège ! », à ma question : « Combien y a-t-il de mille dans trois mille ? »

Je savais son cheminement : la première pensée qui lui vient est « trois » mais c'est trop simple et la maîtresse ne peut pas attendre cette réponse ; pourtant ça n'est pas cinq, ni deux, ni quoi que ce soit ; alors je ne sais pas !

Alors que j'acquiesçai, je pus voir chacun des muscles de son visage se détendre et il ajouta : « Mais alors il n'y a rien de difficile ! »

Non, pas de piège et rien de difficile.

Cette notion du piège est l'une des plus tenaces et des plus fréquentes chez les enfants précoces. Aussi anticipez-la et n'hésitez pas à rabâcher jour après jour « il n'y a aucun piège ! » pour désamorcer cette fausse croyance.

L'ENJEU

L'enjeu peut être soit motivant soit bloquant.

Motivant pour Manon qui ne ratera jamais aucune de ses évaluations, alors que les exercices courants ne sont jamais terminés.

Bloquant pour Jules qui se «met la pression» pour bien faire, et oublie ainsi qu'il sait faire. Voulant réussir, il cherche désespérément ce que peut bien vouloir dire la question, il la décortique, la retourne dans tous les sens, en pèse chaque mot, et finit soit par ne rien répondre, soit par avoir tout faux.

Si tel est le cas, réexpliquez-lui systématiquement qu'il n'y a pas de piège, que rien n'est difficile, que s'il sait le faire à la maison, il sait le faire ailleurs... et utilisez tous les outils des autres chapitres de ce manuel.

QUESTION 12

Leurs mamans demandent à Véronique et à Éric de ranger leurs chambres respectives. Elles les y aident.

☐ a) Éric commence plein de bonne volonté. Cependant, dès qu'il retombe sur un jeu qu'il aime, il y joue et oublie le rangement.

☐ b) Véronique rechigne à ranger, mais le fait avec sa maman, sans rien faire d'autre.

JE RÉPONDS VITE ET BIEN, SANS RÉFLÉCHIR

Votre enfant risque d'avoir tendance à tout compliquer, et à réfléchir encore et encore pour essayer, consciemment, de savoir ce qu'il doit faire.

Ce faisant, il oublie qu'il doit répondre aux questions sans y penser, spontanément, en quelque sorte laisser les réponses lui tomber de la tête, dire la première phrase qui lui vienne.

La première clef est de savoir ce qu'on attend de lui : pas un sans-faute, mais un 10/20, qui est ce qui est demandé pour passer dans la classe supérieure.

Il n'est évidemment pas question de s'en satisfaire, mais de savoir que c'est l'objectif minimal, qui, une fois atteint, lui permettra de s'améliorer.

Demandez-lui ensuite de répondre aux questions le plus vite possible, sans réfléchir. Non pas pour s'en débarrasser le plus vite possible, mais pour réussir le plus vite possible.

POUVOIR SOUFFLER

L'enfant précoce, intéressé par l'école, y est attentif, même si c'est à sa façon.

Nombre d'entre eux s'étonnent que leur enseignant leur demande de réviser leurs leçons à la maison : « Puisque j'écoute à l'école, je retiens tout, alors pourquoi faut-il apprendre à la maison ? »

Et je vois toujours l'étonnement dans leurs yeux, de même que dans ceux des adultes que j'accompagne quand je leur explique que les autres enfants, adolescents, et adultes en formation ne pensent qu'à prendre des notes, pas à écouter et à ne noter que ce dont ils ont besoin.

C'est la différence entre écouter et entendre.

Aussi votre enfant est-il particulièrement attentif et concentré.

De cette concentration qui peut virer à l'épuisement.

Accordez-lui des périodes pour souffler : souffler en rentrant à la maison, souffler de l'école périodiquement, souffler des camarades même.

Je me souviens de Caroline en petite section dont la maman était obligée de l'emmener au parc avant le déjeuner chaque midi.

Ou encore Alexandre, dont les parents me disaient qu'il n'arrivait plus à rien apprendre.

Ils l'ont alors sorti de l'école quelques jours.

N'hésitez pas à faire manquer l'école, ponctuellement bien sûr et à bon escient, ils retomberont sur leurs pattes sans aucun souci.

S'ENTENDRE

Sensible, l'enfant précoce investira plus son année scolaire s'il s'entend avec son enseignant, et plutôt même s'il l'aime bien.

Apprenez-lui qu'il ne pourra pas s'entendre avec tous les professeurs qui croiseront son chemin. Et acceptez qu'il puisse faire une moins bonne année lorsque le courant ne passe pas.

Par contre, vous avez également un rôle à jouer pour que votre enfant se sente à l'aise dans sa classe.

Prenez du temps pour, chaque jour quand vous le pouvez, échanger un mot avec sa maîtresse, prenez rendez-vous avec elle régulièrement, une fois tous les deux mois, afin de faire le point, sans récrimination, juste pour partager avec elle ce que vous vivez et ce qu'elle vit.

N'hésitez pas à la considérer comme une alliée dans l'équipe que vous formez tous pour faire avancer votre enfant.

19
Les devoirs

Les devoirs représentent souvent une difficulté pour les enfants précoces. En effet, on leur demande alors qu'ils n'ont besoin que d'une à deux répétitions d'une leçon pour la savoir de la recommencer une fois chez eux.

Ce dont ils n'ont, la plupart du temps, pas besoin, ou pas autant.

Cependant, comme c'est quelque chose que demande la maîtresse, ils n'ont pas ce sentiment, et vont se perdre d'incompréhension en mésinterprétation.

Vous pouvez également, dans les dernières années du primaire, le préparer pour la suite en lui « interdisant » les devoirs : cela reviendra à l'« obliger » à porter son attention en classe de telle manière qu'il aura retenu ses leçons et fait ses devoirs sans avoir besoin de plus à la maison. Qu'il fasse ses cartes mentales directement en classe lui fera apprendre sa leçon dans le même temps que la maîtresse la lui délivre : faisant ainsi deux choses à la fois, il est bien dans sa logique, et y trouve une motivation supplémentaire.

LES JEUX POUR APPRENDRE ?

De nombreux jeux existent pour rendre l'apprentissage ludique.

Sans les dénigrer dans leur ensemble, je dirai simplement qu'ils doivent faciliter la vie scolaire, et ne pas se situer dans la même lignée.

Prenons par exemple les tables de multiplication, dont nous reparlerons, l'on trouve des jeux comportant des cartes « opération » ainsi que des cartes « résultats », le but étant de les apparier.

Au final, l'apprentissage repose sur les mêmes principes que les tables « traditionnelles » et ne facilitera pas leur mémorisation chez l'enfant précoce.

EN MUSIQUE

L'enfant précoce a, par essence, besoin de faire plusieurs choses en même temps.

Écouter de la musique occupe un canal attentionnel, et de ce fait aide à se concentrer sur un deuxième sujet : celui que votre enfant a besoin d'investir.

Laissez-le ainsi mettre sa musique en bruit de fond, cela l'aidera à se concentrer.

Il est préférable que ce ne soit ni une musique entraînante, ni une musique qui donne à votre enfant envie de chanter, sinon son attention se reportera sur la musique et non pas sur son travail.

Ce peut également être le bruit de fond de la télévision, tournée de telle sorte qu'il ne puisse pas voir l'image et, encore une fois que ce ne soit pas l'émission qu'il veuille regarder, ou encore une émission de radio que l'on ne souhaite pas écouter. Le côté rébarbatif du discours l'oblige à « rentrer » en lui-même et à orienter son esprit dans la direction de la réflexion qu'il a à mener.

CHANTEZ UNE CHANSON

Sur le même principe, lui chanter une chanson pendant qu'il apprend ses mots de vocabulaire, qu'il écrit, qu'il réfléchit à un problème mathématique... le force encore une fois à focaliser son attention sur le travail qu'il est en train de faire.

Vous pouvez soit inventer une chanson en rapport avec ce qu'il a à faire, ou en chanter une existante.

QUESTION 13

Julien et Caroline doivent apprendre leur leçon d'histoire.

☐ a) Caroline l'a apprise sur les documents remis par la maîtresse et la connaît par cœur.

☐ b) Après avoir posé de nombreuses questions, lu des livres et visionné des documentaires, Julien l'a comprise et a du mal à la restituer à l'identique.

TOP CHRONO

L'enfant précoce a besoin de motivation pour commencer à activer ses processus cérébraux.

La motivation la plus facile à trouver et à provoquer est celle d'une échéance incontournable et donc à ne pas dépasser.

Vous pouvez ainsi jouer volontairement sur le temps de fin des devoirs.

Soit en utilisant un sablier de la durée que vous aurez estimé convenir au travail ; il en existe de différentes durées et vous pouvez ainsi passer de l'un à l'autre en fonction de la tâche demandée. L'enfant visualise (n'oubliez pas qu'il est visuel) ainsi le temps qui lui reste.

Vous pouvez également utiliser une pendule à aiguilles, en donnant comme arrêt la position des aiguilles sur le cadran.

Enfin, utilisez une double motivation, en ayant comme objectif une activité agréable une fois les devoirs terminés, une promenade, un jeu, une émission, une activité artistique...

PAS DE DEVOIRS

L'utilité des devoirs est multiple : renforcer la trace mnésique d'une leçon ; vérifier que l'on a compris ; s'entraîner pour acquérir un automatisme.

Chez l'enfant précoce, la trace mnésique est formée après une ou deux répétitions, contre cinq environ pour un bon élève scolaire, et une dizaine en moyenne pour un élève classique.

Imaginez ainsi que votre enfant a déjà entendu la même chose à plusieurs reprises en classe. Lui demander de recommencer à la maison ce qu'il sait déjà est, non seulement, incompréhensible pour lui, mais également contre-productif, puisqu'il risque alors d'intégrer l'idée que si on lui demande de recommencer, c'est qu'il n'a pas compris, ou pas appris ; que s'il n'a pas compris, ce qu'il sait est donc forcément faux, et qu'il lui faut réapprendre autre chose…

D'où incompréhension et apprentissage de « n'importe quoi ».

Aussi posez-vous la question de l'utilité des devoirs pour votre enfant, et adaptez-les en fonction des matières, des sujets, des exercices.

Il est bien évident que si votre enfant sait sa poésie en revenant de l'école, il ne sert à rien de la lui faire apprendre : faites-la-lui réciter en mettant le ton, les gestes, les mimiques, vous vérifierez ainsi qu'il la sait effectivement et l'entraînerez à la déclamer.

Avant de le laisser faire et écrire ses exercices, contrôlez oralement s'il ne les sait pas déjà : dans ce cas, cela suffit.

Quant aux leçons, lisez-les ensemble pour vérifier qu'il a bien compris les concepts.

Et arrêtez-vous.

Votre enfant n'a certainement pas besoin de plus.

LES ARAIGNÉES À REMPLIR

Les diagrammes araignée *(spidergrams)* reprennent le principe des cartes mentales, et favorisent la réflexion intuitive de l'enfant précoce en organisant ses idées sur papier de manière très visuelle.

C'est une approche non linéaire qui permet d'appréhender immédiatement son travail en en ayant une vue d'ensemble.

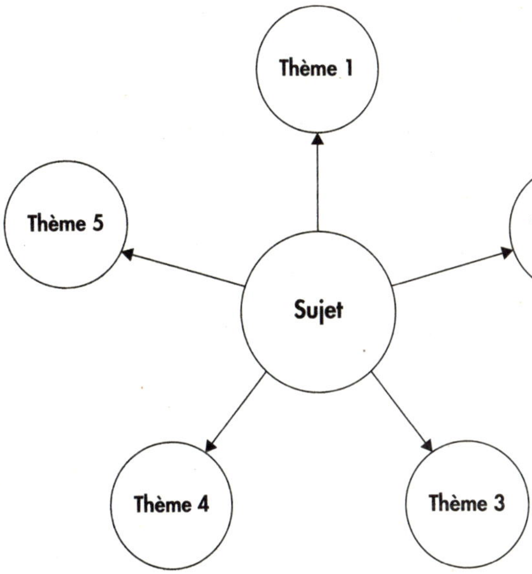

Julien avait un exercice de français sur les inférences : il devait trouver à qui correspondait une description, et il ne trouvait pas. Une fois les indices transcrits dans une araignée, la solution a jailli immédiatement.

« Il est pourtant gentil et fait de son mieux pour que je ne sente rien. Mais, dès qu'il approche ses instruments de ma bouche, je ne pense qu'à m'enfuir ! Qui est-ce ? »

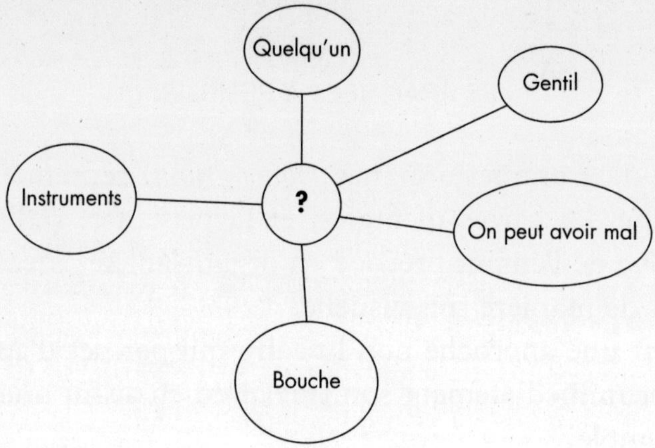

La réponse fuse, immédiate : « Le dentiste ! »

Utilisez ces diagrammes pour aider son raisonnement, pour consolider ses acquis, pour lui permettre de garder une trace visuelle et mieux mémoriser, pour mettre ses idées en place avant de commencer une production d'écrits, une réflexion, pour construire une fiche récapitulative… les applications sont infinies.

LES CARTES MENTALES

Le principe qui préside aux cartes mentales est d'organiser les idées sur papier de manière très visuelle.

Soit en les dessinant, soit en utilisant un système de Post-it par lequel une idée est écrite sur chacun : il n'y a plus ensuite qu'à les assembler selon le but fixé.

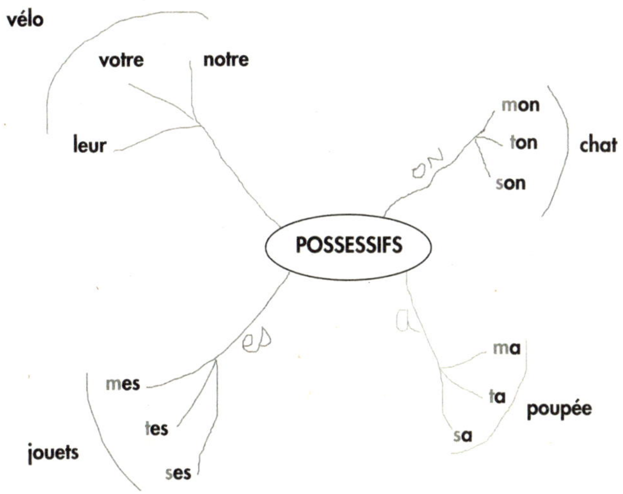

Elles servent :

- ► À poser ses idées ;
- ► À trouver la structure d'un texte étudié ;
- ► À apprendre sa leçon ;
- ► À vérifier ce qu'on a retenu ;
- ► À construire un plan ;
- ► De support pour un exposé.

Lorsque en fin de primaire votre enfant commence à apprendre la prise de notes, demandez-lui très vite, presque dès la première fois, qu'il s'adonne à cet exercice, de le faire directement, sous forme de carte mentale :

cela lui permet de structurer ses idées, de les présenter sous forme visuelle, donc de les retenir plus facilement. En quelque sorte, il mémorise son cours en le notant.

QUESTION 14

Arnaud et Vincent planchent sur un exposé sur les planètes.

☐ a) Arnaud connaît bien ce sujet qui l'a toujours intéressé. Il explore de nombreux documents puis propose ses idées.

☐ b) Vincent a lu un article sur Internet, accepte les idées d'Arnaud et lui en propose une mise en forme.

SOUFFLER AVANT DE DÉMARRER

L'enfant précoce investit généralement beaucoup l'école : tout petit enfant, il rêve d'y aller afin d'apprendre et de s'enrichir. Pour cela ce sont rarement des enfants qui montrent des problèmes de séparation d'avec leurs parents en maternelle.

De même gardent-ils leur esprit attentif (même si c'est à leur façon), tout au long de la journée d'école, et ils ont donc besoin de faire une pause, de souffler avant de se replonger dans leur travail.

J'ai déjà parlé de Coralie, en petite section, qui ne pouvait pas prendre son déjeuner immédiatement à la sortie de l'école, tant elle était énervée, excitée… sur les nerfs. Sa maman l'emmenait donc faire un petit tour (dix minutes) pour souffler avant de rentrer.

IL Y A AUTRE CHOSE DANS LA VIE (NE PAS PARLER QUE DE CELA)

Les enfants et les parents sont constamment soumis à la pression de l'école.

A fortiori lorsque votre enfant montre les capacités pour réussir, il y a toutes les raisons de le pousser à exprimer ces capacités. Or, l'enfant précoce, avec sa vision manichéenne du monde, va retenir que vous souhaitez qu'il n'ait que des A ou des 20/20. Comme il est statistiquement impossible de maintenir ce niveau de manière permanente, il va se dévaloriser lorsqu'il n'atteindra pas ce but, sans percevoir qu'il est inatteignable.

À vous donc de faire en sorte de lui exprimer, régulièrement, que vous attendez de lui qu'il fasse de son mieux, pas qu'il soit le premier de la classe, en tout, pas toujours, ni sur tous les sujets et dans toutes les matières.

Vous le rassurerez et ferez ainsi grandir la confiance qu'il aura de lui.

TRAVAILLER ALÉATOIREMENT

Lorsque les enfants précoces ont toute une série de problèmes à résoudre séquentiellement sur une même page, ils ont tendance à se fatiguer et à se décourager, surtout lorsqu'ils arrivent à une question qu'ils ne savent pas traiter.

Demandez-leur d'abord de tout lire, sans essayer de rien résoudre (cela favorise leur processus de traitement de l'information en bruit de fond), puis apprenez-leur à passer à la question suivante lorsqu'ils bloquent, afin d'y revenir ultérieurement lorsque leur cerveau aura débloqué la situation… ou pas.

Apprenez-leur également à travailler au hasard, commençant par le premier, puis continuant par le cinquième, revenant au deuxième…

Cela fonctionne dans tout type de tâche, que ce soit l'organisation des devoirs, les activités quotidiennes que vous leur demandez : ce faisant, vous focalisez sur le résultat, et non sur le cheminement, ce qui leur permet de l'atteindre en augmentant leur confiance dans leurs capacités.

LEVER LE NEZ

Votre enfant a besoin de lever le nez, c'est-à-dire de faire autre chose s'il veut fonctionner à sa façon: c'est toujours Archimède dans sa baignoire qui laisse son cerveau faire le travail à sa place.

Lorsque votre enfant s'arrête, c'est soit qu'il bute sur un problème qu'il ne sait pas résoudre, soit qu'il a besoin de consolider la trace mnésique de ce qu'il est en train d'apprendre.

Forcez le système en lui permettant de faire des pauses dans son travail, il n'en sera que plus efficace.

QUESTION 15

Jérôme et Sandra ont un ami qui présente un certain nombre de difficultés à l'école.

☐ a) Sandra fait tout ce qu'elle peut pour l'aider. Elle est même prête à redoubler pour rester dans la même classe que lui : c'est normal, c'est son ami.

☐ b) Jérôme aime bien son ami qu'il invite souvent, et avec qui il aime passer du temps. Il n'a pas l'idée de l'aider : il fait son travail, c'est déjà bien suffisant.

FAIRE AUTRE CHOSE ET REVENIR

Dans la même lignée, faire autre chose permet à son cerveau d'approfondir, de mieux retenir et de trouver des solutions à ce qu'il est en train de faire.

À la condition qu'il garde son projet (son travail, son activité) présent à l'esprit.

Pendant ce laps de temps, en faisant autre chose, il force son cerveau à y penser, de la bonne manière, sans y penser tout en y pensant.

Son projet n'en sera que meilleur et plus abouti.

DERNIER MOMENT OU PAS ?

Souvent, les parents que je reçois, voire les enfants eux-mêmes, me disent que le travail de leur enfant est bâclé car fait au dernier moment.

Non, mille fois non.

En effet, n'oubliez pas que votre enfant a besoin de motivation pour activer son cerveau, et quelle motivation est la plus simple à trouver qu'une échéance qu'on ne veut pas dépasser ?

Sans oublier non plus que tout le temps qui précède est consacré à un travail qui ne se voit pas : laisser mûrir les informations que votre enfant a emmagasinées sur le sujet qu'il doit travailler.

De plus, commencer un travail au moment où on le donne, y revenir, le laisser de côté, y retourner... c'est-à-dire un travail morcelé nécessite de se replonger à chaque fois dans ce qui a été précédemment fait.

À l'inverse, faisant tout d'un coup, après maturation de ses idées, votre enfant n'a que du temps efficace.

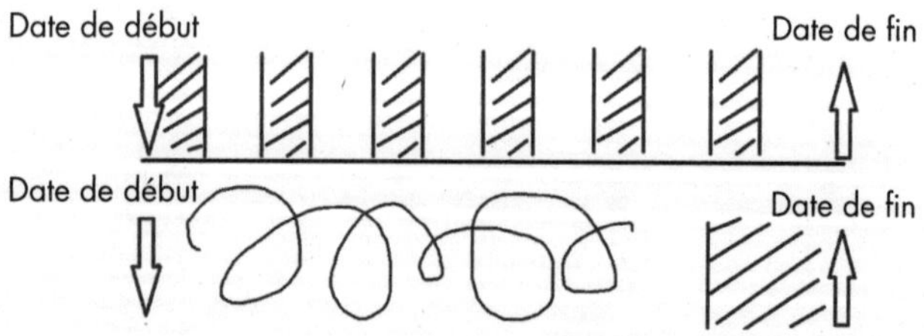

DEBOUT ET GIGOTER

Votre enfant a besoin de faire plusieurs choses en même temps.

Il prendra spontanément l'option de gigoter : il ne pose « qu'une demi-fesse » sur sa chaise, se lève mille fois pendant le déjeuner, joue avec ses couverts ou ses stylos…

Ne pensez pas qu'il se disperse, car c'est, au contraire, sa manière de se concentrer et d'être efficace.

Aussi laissez-le faire, mais en le canalisant.

Demandez-lui d'apprendre sa poésie debout en marchant et en en mimant les rimes.

Définissez, seul ou avec lui, ce qui lui est possible de faire, dessiner, manipuler son crayon… et réfléchissez ensemble à ce qu'il peut faire en classe.

RACONTER N'IMPORTE QUOI

Les enfants précoces sont des enfants dont l'imagination est débordante. Ils savent se créer des mondes imaginaires qui deviennent semi-réels.

Vous pouvez utiliser cette capacité pour inventer des histoires leur permettant d'enregistrer un concept. Un peu à la manière d'un moyen mnémotechnique.

« Sur la planète des “s” aucun habitant ne va tout seul. Ils vont toujours au moins par paire en se donnant la main. Mais les autres lettres, venues d'une autre planète, s'arrangent pour former des mots et ainsi essayer de les séparer. Cependant, ils ne sont jamais très loin de leur binôme. Aussi, si vous voyez un “s” tout seul, vous pouvez être sûr que le deuxième n'est pas loin ! »

© Béatrice Millêtre

LAISSER REPOSER

Je ne dirai jamais assez combien votre enfant a besoin de laisser reposer ses idées pour qu'elles mûrissent et aboutissent.

Cela passe par lire ses devoirs, aller faire autre chose puis revenir à sa leçon.

Les idées se seront mises en place, et son travail n'en sera que meilleur.

La condition est cependant de garder le projet en bruit de fond, présent à l'esprit, afin que les morceaux du puzzle puissent s'assembler.

Apprendre une leçon se fait ainsi : la lire, aller faire autre chose, en ayant cette conscience que, pendant ce temps, elle s'enracine, la relire, c'est terminé.

Le moment venu, votre enfant ira la rechercher, sans même y penser.

QUESTION 16

Clémentine et Michel font un dessin qui ne leur plaît pas.

☐ a) Michel efface et corrige ce qu'il n'aime pas. Il s'applique et recommence autant que nécessaire.

☐ b) Clémentine fait son dessin d'un jet. Elle le trouve affreux, en fait une boule de papier et le jette, en colère.

DES RESSOURCES POUR LES DEVOIRS

Sites de coaching scolaire :

- http://www.optimind.be. Vous y trouverez un blog (rubrique : coaching scolaire) rempli d'exemples faits par les enfants eux-mêmes.
- http://www.enseignement.be. Utilisez, dans le moteur de recherche, les mots « haut potentiel » ; cela vous donnera une myriade de ressources.
- http://www.coachcollege.fr/.
- Une BD pour apprendre à apprendre : http://apprendre.free.fr/.
- Et encore : http://crl.univ-lille3.fr/apprendre/sommaire.html.
- Le site de parents d'enfants à haut potentiel de Belgique comporte une rubrique « trucs et astuces » : http://www.ehpbelgique.org/trucs-et-astuces.
- De nombreuses publications : http://www.editions-creaxion.com/.

20

En classe

Par définition, en classe chaque enfant doit se conformer à ce que son enseignant attend de lui.

À savoir montrer l'attitude d'un enfant scolaire, attentif, réfléchi, appliqué et ne faisant qu'une chose à la fois.

Pour l'enfant précoce, cela revient en quelque sorte à fonctionner à contre-courant de lui-même.

Il sait être attentif, à sa façon.

Il sait réfléchir, à sa façon.

Il ne sait pas forcément s'appliquer, et a du mal à ne faire qu'une chose à la fois.

La répétition lui est difficile, voire destructrice.

Pour remédier à ces contraintes et contradictions, il se crée une stratégie et des stratagèmes : gigoter sur sa chaise, mâchouiller son crayon, trouilloter sa gomme, regarder par la fenêtre… ce qui peut jusque-là « passer » dans la mesure où il a de bons résultats et que cela ne dérange pas la classe.

Cela s'avère parfois insuffisant et l'on voit alors des enfants taper des pieds, chanter, lever et bouger leur table, voire se glisser dessous, se lever… ce qui là devient problématique pour l'enseignant.

La question est ici double : trouver des solutions adaptées à votre enfant, et avoir une reconnaissance de qui il est réellement.

Dans le premier cas, vous n'avez pas besoin du concours de son professeur, et vous pouvez vous-même vous attacher à lui enseigner ces stratégies.

Dans le deuxième, cela passe par la mise en place d'outils en collaboration avec le corps enseignant, et nous en reparlerons au chapitre 26.

FAIRE PLUSIEURS CHOSES EN MÊME TEMPS

Faire plusieurs choses en même temps est la base du fonctionnement de votre enfant.

Cela reste possible, même sans le concours de son enseignant.

La première condition est d'en avoir conscience, et de trouver ce qui est possible en classe, sans déranger les autres.

Continuer à regarder par la fenêtre, mais à des moments particuliers : lorsqu'il y a lieu de mener une réflexion.

Utiliser des couleurs pour surligner les points importants de son cours.

Ajouter des illustrations, soit sous forme de dessins, soit sous forme d'images à coller.

Apprendre ses leçons en même temps que le professeur les enseigne.

S'avancer dans son travail et dans ses devoirs.

ALLER LIRE UN LIVRE

Si votre enfant termine son travail rapidement, avant les autres élèves, il est important qu'il puisse trouver une activité compatible avec la classe et en accord avec la maîtresse.

Le plus simple est souvent d'aller lire un livre dans le coin bibliothèque, ou d'en garder un dans sa case qu'il puisse prendre dès qu'il en éprouve le besoin.

QUESTION 17

Mathilde et Christophe voient un de leurs camarades se faire molester.

☐ a) Mathilde va le dire à la maîtresse : ce n'est pas juste, il n'a rien fait.

☐ b) Christophe ne dit rien : il a peur que les autres ne refusent à l'avenir de jouer avec lui.

S'ARRÊTER AU BOUT D'UN EXERCICE

L'enfant précoce ne supporte pas la répétition.

Or la plupart des enfants ont besoin de plusieurs répétitions pour acquérir un concept.

De ce fait, la maîtresse leur demande de faire plusieurs exercices similaires.

Un moyen simple d'éviter l'ennui et le désintérêt dans une telle situation consiste à s'arrêter dès qu'un exercice est compris et réussi. Non pas s'arrêter tout court et s'ennuyer, mais profiter de ce temps disponible pour approfondir la notion travaillée, en lisant un livre sur le sujet, élaborant une carte conceptuelle sur cette notion…

FERMER LES YEUX

Le raisonnement de l'enfant précoce est, la plupart du temps, intuitif. Cela veut dire qu'il a besoin de laisser mûrir son raisonnement pour avoir accès à sa conclusion.

À l'inverse, s'il « se prend la tête à deux mains » pour faire ce qu'on lui demande de manière séquentielle, il risque d'être bloqué, persuadé qu'il ne peut arriver au résultat. Il s'agit de lui permettre d'accéder à ses conclusions et à ses ressources sans qu'il en ait conscience.

Faites-lui fermer les yeux, et demandez-lui de penser à une couleur qu'il aime, à un objet de cette couleur, à un objet qui lui fait plaisir, ou à rien de particulier, tout simplement à ce qui lui vient à l'esprit.

Demandez-lui d'ouvrir les yeux et de faire la tâche sur laquelle il bloquait, en gardant son objet toujours présent à l'esprit.

Il se rendra ainsi compte qu'il sait faire sans savoir comment.

CHERCHER DES KLEENEX

Dans le même ordre d'idées, un enfant précoce a besoin pour faire aboutir son raisonnement de faire autre chose.

L'on constate le plus souvent qu'il le fait spontanément en mâchouillant son crayon par exemple, en découpant sa gomme, en écrivant sur sa trousse…

Autant d'activités qu'il peut faire sans déranger les autres enfants.

Il arrive cependant que cela soit insuffisant et qu'il ait réellement besoin de bouger.

Proposez-lui dans ce cas d'aller chercher un kleenex, d'aller tailler son crayon au-dessus de la corbeille à papier, d'aller chercher un crayon de couleur ou un feutre dans sa boîte de réserve, d'en emprunter un à la maîtresse ou à un camarade, d'aller dans son manteau chercher son mouchoir…

Autant de déplacements qui sont autorisés et ne perturbent pas la classe.

Parlez-en ensemble et constituez-lui ainsi une espèce de boîte à outils, variés, dans laquelle il pourra puiser au gré de ses besoins.

QUESTION 18

Geneviève et Max vont dormir chez une copine.

- ☐ a) Geneviève s'en va vite, ravie, et en oublie de faire un bisou à sa maman : elle est assez autonome.
- ☐ b) Max a du mal à quitter sa maman, à qui il fait un câlin énorme : il est très proche d'elle.

FAIRE SON TRAVAIL AU TABLEAU

Faire sa dictée au tableau permet à votre enfant d'être debout, donc de bouger, donc de faire plusieurs choses en même temps. Cela lui permet de se décentrer de la tâche qui lui est demandée, donc de la faire sans y penser.

Cela favorise son raisonnement intuitif par lequel il va chercher dans sa tête les éléments de réponse qu'il connaît sans le savoir.

Bien évidemment, cet outil nécessite l'implication de l'enseignant.

Cela peut être généralisé à la maison, où votre enfant apprendra par exemple sa poésie debout en marchant. Aidez-le dans ce processus en mimant les différentes rimes par des gestes de la main, des mimiques faciales, des intonations appropriées…

S'il ne lui est pas possible de passer au tableau pour faire son travail, cela peut être contourné avec l'utilisation de son ardoise. En effet, cela implique un mouvement du bras, que l'on n'a pas dans l'écriture sur une feuille ou un cahier, surtout si votre enfant doit lever à bout de bras son ardoise lorsqu'il a terminé.

FAIRE À SA FAÇON

La règle du jeu à l'école est de répondre à l'attente de la maîtresse.

Robin étudiait le périmètre d'un rectangle. Sa maîtresse leur avait appris qu'il fallait faire $(a+b) \times 2$ pour trouver le résultat.

Il était plus simple pour lui de faire $a \times 2 + b \times 2$, ce qui conduit au même résultat.

Lorsque la maîtresse lui dit que ce n'était pas la leçon, il lui répondit : « On arrive au même résultat du fait de la distributivité de la multiplication. » Ce à quoi elle maintint que ce n'était pas la leçon.

Que faire ?

Qu'il fasse le calcul à sa façon afin de trouver le bon résultat.

Puis qu'il écrive les étapes que sa maîtresse attendait de lui.

Ainsi il fait à sa façon ET satisfait son enseignante.

21

Se repérer dans le temps

N'en voyant souvent pas l'intérêt et n'en éprouvant pas le besoin, il arrive que l'enfant précoce ait besoin de plus de temps pour se repérer dans le temps, savoir l'heure.

D'autant plus que les adultes sont en quelque sorte les gardiens de son temps.

Cela est exacerbé du fait qu'ils perçoivent différemment l'écoulement du temps selon l'intérêt qu'ils prennent à la tâche qu'ils effectuent : ainsi la récré passera très vite, alors qu'une activité rébarbative de la même durée leur semblera une éternité.

Utilisez des repères visuels ou corporels qui lui donneront une vision globale et non séquentielle.

L'ANNÉE

L'année est une succession de mois qui se répètent.

Cherchez à illustrer ce concept avec votre enfant, soit qu'il en ait déjà une représentation mentale, soit que vous la construisiez ensemble.

La spirale dissymétrique leur parle car elle reprend la réalité d'une année scolaire, avec la place des grandes vacances à une extrémité, et la fin de l'année à l'autre. Intercalés, nous trouvons donc l'automne de la même taille que l'hiver et le printemps.

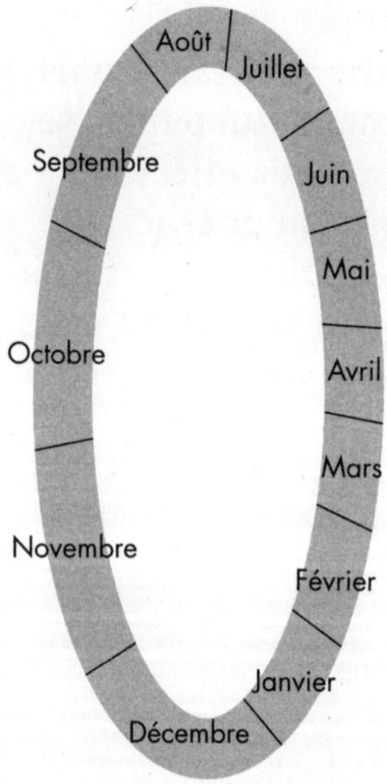

LA SEMAINE

De manière équivalente, la semaine peut être schématisée sous une autre spirale dissymétrique, où les jours de classe ont la même durée que le week-end.

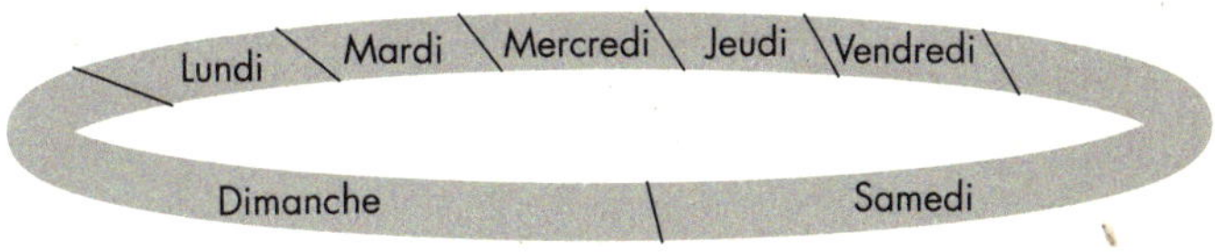

© Béatrice Millêtre

LA JOURNÉE

Enfin, la journée occupe la plus grande place, quand la nuit est réduite à une portion congrue.

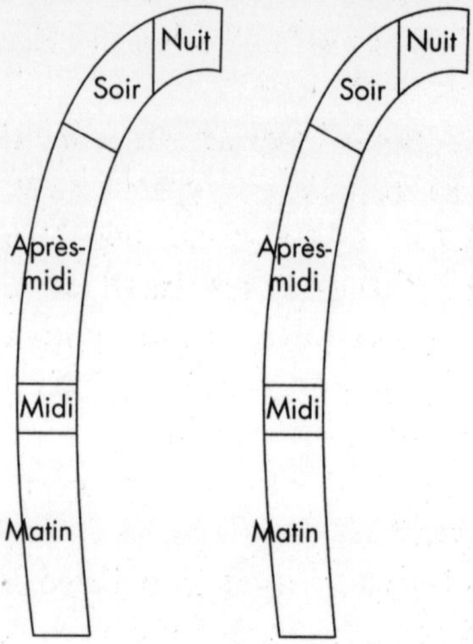

© Béatrice Millêtre

QUESTION 19

Benjamin et Augustin se retrouvent pour jouer.

☐ a) Augustin n'a, dans sa chambre, que les jouets récents, de son âge.

☐ b) Benjamin a gardé tous ses jouets de petit : il les connaît tous, même ceux qui sont rangés au grenier et il a régulièrement besoin d'aller les y rechercher.

APPRENDRE L'HEURE AVEC SON CORPS

Étant plus visuel et spatial, vous pouvez utiliser une technique de visualisation corporelle.

Pour cela, utilisez les bras et les jambes de votre enfant pour les transformer en aiguilles et lui faire ainsi mémoriser les différentes heures.

Commencez par lui faire mettre les deux bras en l'air, dans la position de midi et, dans le même temps, montrez-lui à quoi cela correspond sur l'horloge.

Puis, prenez l'un de ses bras et bougez-le jusqu'à atteindre la position de une heure puis de deux heures…

Une fois que votre enfant a intégré les heures justes, vous pouvez passer aux minutes.

Vous pouvez soit commencer par les minutes, soit par les quarts d'heure.

Attention, il peut s'avérer utile d'inverser les bras, lorsqu'ils arrivent à la demi-heure.

Maintenant que votre enfant connaît les heures et sait les reproduire avec son corps, vous pouvez lui demander de faire le même exercice avec du papier et un crayon, ou avec une horloge et des aiguilles.

LES TIMERS

Le *timer* est un appareil particulièrement utile puisqu'il montre (visuellement donc) et indique le laps de temps écoulé et celui qui reste.

Vous pouvez l'utiliser pour les devoirs, ou l'un d'entre eux particulièrement : cela donnera une motivation à votre enfant pour démarrer son travail et le terminer rapidement.

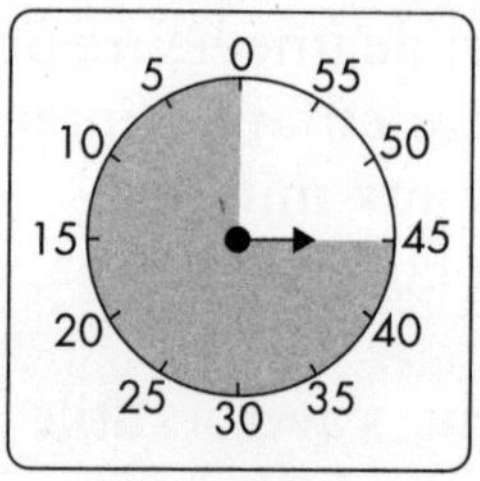

RÉSOUDRE LES PROBLÈMES D'HORAIRE

Soustraire des minutes, en additionner d'autres pour transcrire cela en heures et durées est souvent compliqué.

Encore une fois, vous pouvez contourner cette difficulté en illustrant le problème, et en décomposant chaque information horaire jusqu'au compte rond suivant.

Par exemple :

« Un train part de la gare de Paris à 13 h 28. Il arrive en gare de Lyon à 15 h 10. Combien de temps a duré le trajet ? »

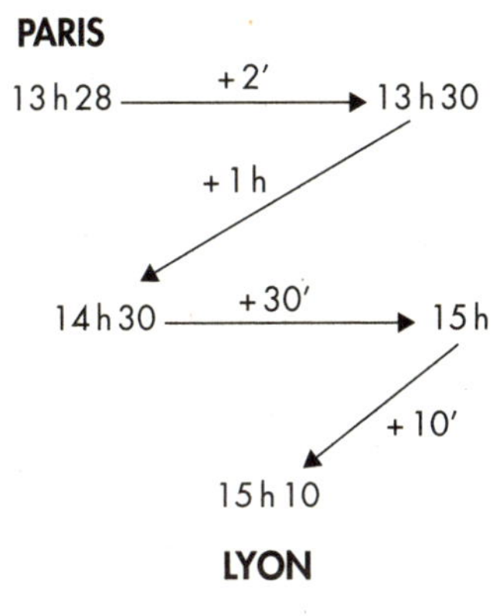

Une fois ceci digéré, laissez votre enfant répondre directement : il donnera ensuite les étapes intermédiaires.

22

Les maths

Pour l'enfant précoce, les mathématiques peuvent faire apparaître plusieurs problèmes.

L'un est lié au graphisme et consiste à bien former ses chiffres.

Un autre consiste à se repérer sur la feuille et son quadrillage et à bien positionner ses chiffres afin de ne pas se tromper dans ses calculs.

Mais le plus important est sans conteste le fait que l'enfant précoce puisse (ce n'est pas le cas de tous, ni dans toutes les circonstances) montrer une intuition mathématique par laquelle il obtient le résultat sans être passé par un raisonnement conscient.

Toute la difficulté consiste alors à prendre confiance dans cette manière de faire, et d'apprendre, *a posteriori*, comment développer son raisonnement pour répondre à la question posée par l'enseignant.

La clef est ici encore une fois de faire à sa manière pour parvenir à ce qui lui est demandé.

Comme tous les enfants, souvent l'enfant précoce utilise un mode de calcul qui lui est propre. Contrairement à tous les enfants, il se crée sa propre stratégie.

Il n'est pas rare par exemple de voir un enfant précoce rajouter des calculs pour une opération simple au premier abord.

Ainsi 14 + 12 sera d'abord décomposée en 14 + 1 puis en 15 + 1 et enfin en 16 + 10.

Cela peut sembler plus compliqué, mais il ne faut pas oublier que sa logique est autre, et cela ne pose aucun problème, puisque cela fonctionne.

IL N'Y A RIEN À COMPRENDRE

Nous savons qu'un enfant précoce aura un mal fou, pour ne pas dire une impossibilité, à faire une tâche qu'il ne comprend pas.

Les mathématiques posent souvent la problématique de la compréhension.

«Je ne comprends pas» est une phrase qui revient presque de manière générale.

Lorsque j'explique à mes petits interlocuteurs qu'en fait «il n'y a rien à comprendre», ils me regardent, et leurs parents de même, d'un air interloqué.

Car s'il est bien un domaine, dans l'imaginaire commun, où il faut comprendre pour faire c'est bien celui des mathématiques.

Je ne suis pas d'accord avec ce que l'on entend par «compréhension»: pour un enfant précoce, le terme de compréhension se rapporte au pourquoi du comment, de l'origine de l'Univers, de la création des symboles et des concepts, de l'histoire des mathématiques...

Il ne se rapporte pas à la «logique mathématique», qui, si je l'explicite ainsi n'est qu'un langage différent, codifié, qu'il suffit d'apprendre en le pratiquant, comme on apprend une langue étrangère.

L'on contourne ainsi la difficulté en montrant qu'il suffit de pratiquer en faisant des exercices pour acquérir une certaine dextérité.

Il n'y a qu'à faire ce qui est demandé, ce qui ne demande alors aucune difficulté.

QUESTION 20

Sophie et Philippe sont en CM1.

☐ a) Sophie est très différente chez elle et à l'école. Chez elle, elle est très éveillée, s'intéressant à tout, et montrant de nombreuses connaissances, plus vastes que celles évaluées à l'école. Là, elle se montre plus éteinte et ne restitue pas ses connaissances.

☐ b) Philippe est identique à la maison et à l'école, s'intéressant à ses leçons et à ses activités extrascolaires.

LES CARTES DE MULTIPLICATION

Pouvant être consultées, les tables de multiplication posent directement la question de l'intérêt de leur apprentissage.

Ce que l'enfant refuse souvent.

Jusqu'au moment où il se rend compte que cela peut lui rendre service.

S'ensuit alors la désillusion de l'apprentissage répétitif et donc ennuyeux et inefficace.

Pour contrer ce problème, utilisez ses caractéristiques de fonctionnement : imagination, mémoire, vision, et fabriquez-lui des cartes qui reprendront ces trois principes.

Ainsi, la multiplication est-elle mémorisée par le biais de l'histoire, de la visualisation et du résultat, ce qui est beaucoup plus efficace.

Par exemple :

« Neuf et neuf vont à la pêche. C'est l'hiver. Il fait froid. Le premier neuf en a assez, il va faire un bonhomme de neige. Le second pêche un bout de bois : 9 × 9 = 81. »

Vous trouverez en totalité en fin de livre les cartes que j'ai inventées et que j'utilise avec les enfants précoces que je reçois.

LES OPÉRATIONS EN COULEUR

Il arrive fréquemment que les enfants précoces se montrent particulièrement sensibles aux couleurs.

Utilisez cette capacité pour compter.

Pour les soustractions, par exemple, où il est demandé à l'enfant d'ôter le nombre du bas à celui du haut, écrivez l'un en rouge, l'autre en vert, et dites « ôte le nombre vert du nombre rouge » :

Par exemple :

38	(rouge)	38
– 27	(vert)	– 27

Les enfants comprennent ainsi mieux le concept qui leur est demandé, et ils en prennent facilement l'habitude.

Pour l'apprentissage des grands nombres, utilisez différentes couleurs pour les centaines, milliers, millions, milliards.

Par exemple :

115 203 704   115 **203** 704

vert (115) – bleu (203) – rouge (704)

LES RETENUES

Les retenues sont communément placées au-dessus du chiffre auquel elles doivent être rajoutées.

L'enfant précoce ayant une vision globale peut avoir plus de mal à en visualiser et conceptualiser le concept.

Contournez la question en mettant votre retenue en petit sur la ligne du résultat.

Par exemple :

Au lieu de mettre la retenue en haut ainsi

$$\begin{array}{r} 36^{3} \\ \times\ 5 \\ \hline 0 \end{array} \quad \text{ou} \quad \begin{array}{r} {}^{1}48 \\ +\ 15 \\ \hline 3 \end{array}$$

Mettez-la en bas

$$\begin{array}{r} 36 \\ \times\ 5 \\ \hline {}^{3}0 \end{array} \quad \text{ou} \quad \begin{array}{r} 48 \\ +\ 15 \\ \hline {}^{1}3 \end{array}$$

QUESTION 21

Violaine et Amélie discutent ensemble.

- ☐ a) Amélie écoute ce que Violaine lui dit, y réfléchit et lui répond : elle rebondit sur la parole de l'autre.
- ☐ b) Violaine termine souvent les phrases d'Amélie avant qu'elle ait fini de parler.

LES SOUSTRACTIONS

Il est possible d'apprendre les soustractions de manière globale, ce qui correspond plus aux enfants précoces, plutôt que de manière séquentielle.

- L'on peut par exemple, pour débuter, soustraire en additionnant :
  9 – 7 devient : « Combien y a-t-il de 7 pour aller à 9 ? »

- Ajouter une dizaine au chiffre de droite du haut, et une dizaine au chiffre de gauche à soustraire :
  74 – 58 devient :

70	+	14
– 60	+	8

On ôte alors 8 à 14, ce qui fait 6 et 60 à 70, ce qui fait 10, ce qui nous donne un résultat de 16.

- Pour les retenues, une astuce consiste à additionner le même nombre en haut et en bas, de telle sorte que le nombre à soustraire se termine par zéro.
  Par exemple :

74 – 58 devient :

	74	+	2	=	76
	– 58	+	2	=	60
Soit donc	76	–	60	=	16

LES MATHS À L'ENVERS

Il arrive fréquemment que les enfants précoces montrent ce que l'on appelle une intuition mathématique : ils obtiennent le résultat sans avoir effectué, du moins consciemment, les opérations mathématiques traditionnelles.

La difficulté est alors de justifier leur résultat le moment venu.

La question ici est encore de lui faire faire ce que le système scolaire demande, mais à sa façon.

Faites écrire le résultat, puis reprenez les étapes une à une.

Vous commencez en somme par la fin (habituelle) et remontez le processus.

Cela ne demande qu'une petite gymnastique dont il faut prendre l'habitude.

Justin faisait ainsi en terminale scientifique : il lisait son énoncé, regardait quelques instants par la fenêtre, écrivait le résultat dix lignes plus bas, puis inscrivait les étapes intermédiaires.

Le principe est que le cerveau de votre enfant enregistre la grille de lecture qui est attendue de lui, et pour ce faire, il faut simplement qu'il fasse répétitivement les exercices, après avoir trouvé le résultat à sa manière.

ÉCRIRE LES CHIFFRES À LA BONNE PLACE

Si la plupart des enfants précoces montrent une bonne organisation spatiale dans leur environnement, cela devient plus compliqué pour eux d'organiser et d'aligner des chiffres sur une page.

De ce fait, certains font des erreurs dans leurs opérations, non parce qu'ils ne savent comment faire, mais bien parce que leurs chiffres ne sont pas alignés en colonne.

Aidez-les en traçant des lignes verticales, ou des cases dans lesquelles ils doivent positionner leurs chiffres.

Associez une couleur à chaque unité : rouge pour les unités, bleu pour les dizaines, vert pour les centaines, violet pour les milliers… et écrivez-les en colonne de même couleur.

Ainsi

	42		42	[bleu rouge]
x	25	x	25	[bleu rouge]
	210		210	[vert bleu rouge]
+	840	+	840	[vert bleu rouge]
=	1 050	devient =	1 050	[violet vert bleu rouge]

Votre enfant en prendra l'habitude et ne se trompera plus.

SE REPÉRER DANS UNE PAGE DE PROBLÈMES

Lorsqu'un enfant précoce doit résoudre plusieurs types d'opérations, et bien qu'il sache les effectuer individuellement, il risque de se tromper et de ne pas faire attention aux différents opérateurs. Il pourra ainsi faire des additions au lieu de soustractions et inversement, voire se tromper dans ses résultats.

Apprenez-leur à faire toutes les opérations du même type ensemble.

Vous pouvez par exemple leur faire colorier d'une couleur différente chaque opérateur. Ils devront ensuite n'effectuer que les opérations « jaunes », puis les « oranges » et ainsi de suite.

Vous pouvez également leur faire recopier chaque opération entière d'une même couleur : toutes les multiplications en vert, toutes les additions en bleu…

DESSINER LES PROBLÈMES

Résoudre un problème demande en premier lieu de bien interpréter le message, puis de le traduire en problème mathématique, et enfin en langage mathématique.

Il est important pour ce faire de ne se focaliser que sur les informations pertinentes.

L'enfant précoce étant plutôt visuel, proposez-lui la démarche suivante :

- Bien lire le problème et écrire ce que l'on cherche ;
- Surligner les éléments important ;
- Dessiner ;
- Résoudre le problème et vérifier si la réponse est réaliste.

Demandez d'abord à votre enfant de vous raconter l'histoire qu'il a lue, aidez-le à surligner les mots clefs, notamment ceux qui lui permettront de savoir quelle opération il doit réaliser, puis faites-le dessiner, ou faites-en un diagramme araignée.

Le dessin doit comporter le nombre exact d'éléments, de paquets de bonbons, de chaises, de billes…

Une fois ceci fait, vous verrez qu'il résout facilement le problème posé.

DES RESSOURCES POUR LES MATHS

- Menez une recherche avec des mots clefs comme « mathématiques visuelles », « mathématiques globales. » Par exemple : http://www.matematicasvisuales.com/.
- Il est une série de petites séquences d'animation particulièrement bien faites, celles de Lucie la luciole, *Lucie traverse les dimensions*. Vous pouvez la visionner sur : http://www.universcience.tv/, ou http://education.francetv.fr/.
- Se renseigner chaque année lors de la semaine des maths. À cette occasion, de nombreuses expositions et activités sont proposées.
- Ou encore : http://math.cchic.ca/
  http://www.animath.fr/
  http://mathsamodeler.ujf-grenoble.fr/
  http://www.universcience.tv/
  http://kezako.unisciel.fr/
- Cherchez dans votre moteur de recherche « math à modeler », ou rendez-vous sur les sites académiques et cherchez « mathématiques autrement » (par exemple sur l'académie de Grenoble) ou encore « Enigmathic » sur le site de l'académie de Lille.
- Trois promenades mathématiques :
  http://www.dimensions-math.org/
  http://www.chaos-math.org/
  http://www.visualmathlearning.com/

23
Le français

Les difficultés liées à l'apprentissage du français sont multiples.

La première est que l'enfant précoce, en règle générale, parle bien, tôt, souvent sans passer par la phase de « langage bébé ». Il possède donc un grand vocabulaire.

Pour lui, le verbe « apprendre » veut dire emmagasiner une connaissance nouvelle. Aussi, lorsque la maîtresse lui demande d'apprendre des mots pour la dictée, il se dit que, même s'il les connaît déjà, il ne les connaît pas. Sinon se dit-il, elle lui aurait simplement demandé de les réviser.

Puisqu'il ne le connaît pas, ce qu'il sait de ce mot est forcément faux, et ainsi, soit votre enfant répond qu'il ne sait pas, soit il écrit avec une orthographe abracadabrante, pour répondre à sa logique interne.

C'est ainsi que j'ai vu une fillette de CE2 écrire le mot « école » « aikol », il était pour elle impensable d'imaginer que la maîtresse puisse lui demander d'apprendre, pour la troisième année consécutive, un mot dont elle possédait déjà la bonne orthographe.

La clef est ici d'arriver à faire fonctionner votre enfant spontanément, sans réfléchir, car il y a de grandes chances qu'il sache faire ce qui lui est demandé.

JE SAIS PARLER, DONC JE SAIS ÉCRIRE

Comme je viens de le dire, votre enfant parle bien, voire très bien, depuis toujours.

Il possède un grand vocabulaire qui s'enrichit de jour en jour.

De même la structure de ses phrases est-elle correcte, et il sait conjuguer ses verbes à tous les temps, puisqu'il les utilise quotidiennement.

La transcription de ce qu'il fait oralement sans réfléchir à l'écrit est compliquée du fait que l'enseignement de la grammaire se fasse par étapes et par règles.

Pour votre enfant, apprendre une nouvelle règle implique qu'il ne la connaît ni ne la possède.

Aussi, à vous de lui montrer qu'il n'en est rien et que puisqu'il sait parler il sait écrire.

Sonia, CE1, faisait moult fautes d'orthographe dans sa dictée. Lorsque la maîtresse lui a demandé d'écrire le résumé du livre qu'elle venait de terminer, elle a écrit sans réfléchir, sans fautes, ni d'orthographe, ni d'accords, ni de grammaire ou de conjugaison.

QUESTION 22

Théo et Marie viennent d'avoir une leçon sur la pollution.

- ☐ a) Marie rentre chez elle et commence sa douche à l'eau froide sans attendre qu'elle ne chauffe. En se brossant les dents, elle fait la leçon à son frère aîné qui laisse couler trop d'eau.
- ☐ b) Théo a entendu sa leçon, l'a trouvée intéressante. Il ne pense pas à réduire sa consommation d'eau une fois rentré chez lui.

LES CARTES DE RÈGLES

De même que pour les multiplications, fabriquez des cartes de règles dans lesquelles votre enfant se repérera tant visuellement que par l'histoire que vous racontez.

Un peu à la manière de la méthode des alphas, où chaque lettre est dessinée, a sa propre personnalité et interagit avec les autres.

Par exemple :

« Je n'aime pas le thé "T" »

Illustration du fait qu'il n'y a jamais de « t » à la première personne du singulier.

Au dos de la carte, on peut trouver les maisons des conjugaisons, qui permettent à votre enfant de se repérer facilement et visuellement sur les terminaisons des verbes.

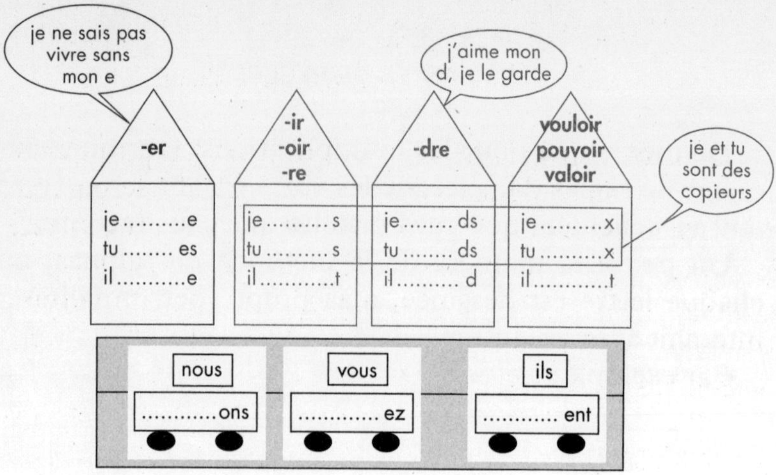

Mettez votre imagination à contribution et inventez-en autant que nécessaire.

Fouillez Internet, c'est une manne sans fin.

Imprimez également sous forme de carte les règles de son manuel ou de son cahier.

Vous trouverez en fin de livre les cartes que j'ai inventées et que j'utilise.

LES DICTÉES : RÉSOUDRE UNE ÉNIGME

La dictée peut paraître inutile à nombre d'enfants, qui ne voient pas l'intérêt de cet exercice. Il est vrai qu'ils seront plus performants dans des productions libres, hors du contexte scolaire, ou dans ce que les enseignants appellent les productions d'écrit. Cela a, en effet, plus de sens d'écrire un exposé ou d'inventer une histoire, à la manière d'un livre, chapitre par chapitre.

Cependant, puisque dictée il y a, il est important de l'investir pour la réussir.

Le problème principal est d'amalgamer tous les aspects unitaires de la dictée : orthographe, règles de grammaire, conjugaison, ponctuation, calligraphie…

La plupart du temps, l'enfant précoce connaît tout cela : il sait vous épeler les mots, il vous récite ses tables de conjugaison, il connaît les règles de ponctuation, sait vérifier la graphie d'un homophone…

Oui, mais !

Oui, mais il a besoin de temps pour digérer tout cela, l'assimiler, le faire sien, se l'approprier. Une fois cela fait, ce qui peut prendre plus ou moins de temps, plus ou moins de mois, voire d'années, il saura bien écrire.

C'est pour éviter d'attendre fastidieusement ce moment qu'il vous faut agir.

Expliquez-lui que la dictée est comme une énigme qu'il faut résoudre.

Pour cela, prenez toutes les cartes que vous aurez faites ensemble, prenez un dictionnaire, un manuel de conjugaison, les règles qu'il a écrites en classe.

LES DICTÉES : NE PAS SE RELIRE

Pour l'enfant précoce, l'idée de la relecture induit celle, obligatoire, de la faute commise qu'il faut corriger.

La correction devient impérative et implique donc qu'il y a des fautes.

L'enfant se «fait des nœuds dans le cerveau» pour obligatoirement trouver ce qu'il a mal écrit.

La clef est donc bien de ne pas se relire, pour petit à petit prendre confiance dans ses processus intuitifs et écrire sans réfléchir.

Il faut bien garder présent à l'esprit que l'orthographe, pour un enfant précoce, n'est pas la priorité : il accorde son attention à l'ensemble, au sens dégagé par chaque phrase, et non au détail.

D'autre part, il connaît ses mots depuis longtemps et le processus linéaire scolaire répétitif ne peut que le conduire à penser qu'il ne sait pas écrire.

C'est bien pour contrer cela et lui (re)donner confiance qu'il faut l'obliger à ne pas se relire.

LES DICTÉES : MONTREZ-LUI

L'imitation représente un moteur puissant.

Aussi faites ensemble une dictée, ou écrivez un texte tous les deux.

Vous lui montrerez ainsi comment vous procédez et il pourra vous imiter par la suite : il aura décodé le mode d'emploi.

Expliquez-lui oralement ce que vous faites, quel est le processus que vous utilisez, au fur et à mesure que vous écrivez chaque lettre, chaque mot, chaque phrase.

Cela peut donner lieu, une fois cet exercice terminé à la mise en place d'un support visuel, d'un guide-âne qu'il pourra conserver dans sa trousse, le temps que l'automatisme se mette en place.

QUESTION 23

Luc et Marc n'ont pas été invités à l'anniversaire d'un ami.

☐ a) Marc lui en veut. Il refuse de lui parler et de jouer avec lui pendant de nombreux jours.

☐ b) Sur le coup, Luc est déçu. Il n'en veut pas à son ami, et comprend que ce n'est pas un problème de ne pas avoir été invité, il y a une raison : sa mère avait limité le nombre d'invités.

APPRENDRE LES MOTS VISUELLEMENT

Lorsque vous-même relisez vos écrits, vous utilisez plusieurs stratégies, certains voient le mot, trouvant « qu'il ne se ressemble pas », d'autres l'entendent, certains le voient dans sa globalité.

Certains enfants précoces vous diront qu'ils voient la forme globale du mot, et non pas les lettres elles-mêmes.

Vous pouvez alors, pour une liste de mots donnée, lui en faire faire la correspondance avec les enveloppes dans lesquelles il doit ajouter les lettres.

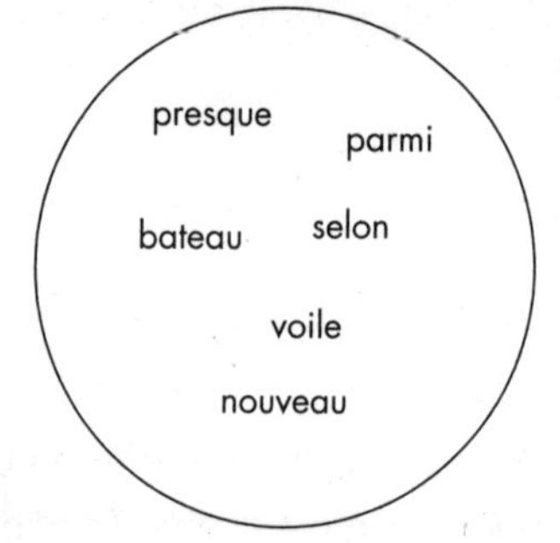

LES CONJUGAISONS : RACONTER UNE HISTOIRE

Votre enfant sait parler, et bien parler. Il dispose d'un grand vocabulaire et sait utiliser les différents temps des verbes à bon escient.

Cependant, lorsqu'il doit les « apprendre » pour l'école, il se trouve devant le même paradoxe que pour apprendre son orthographe : il pense que s'il doit « apprendre », c'est qu'il ne dispose pas des connaissances requises. Ce qui est faux.

Aussi, expliquez-lui encore une fois que, puisqu'il sait parler, il sait conjuguer ses verbes, et que sa difficulté provient du fait qu'une conjugaison se trouve déconnectée de tout contexte. Contexte qu'il s'agit pour lui de réintroduire en inventant et racontant une histoire.

Par exemple, pour le passé simple, rappelez-lui qu'il raconte lui-même des histoires en utilisant ce temps précis, et demandez-lui d'en inventer une, utilisant le verbe à réciter.

« Hier, lorsque je mangeai, je pus apprécier le goût exquis de la mangue mûre à souhait. »

Faites cela pour les différentes personnes (je, tu, il...) et les différents verbes.

Vous créez ainsi un sens et une complexité bénéfiques à votre enfant.

PRENDRE UNE PHOTO

Visualiser un mot implique que votre cerveau en prenne une photo.

Pour un enfant, cependant, cela reste à l'état de concept.

Concrétisez-le en lui demandant de faire le geste de photographier le mot qu'il cherche à apprendre, en fabriquant un appareil avec ses doigts.

Cela lui permettra de donner, en quelque sorte, l'ordre à son cerveau, de conserver la photo et d'être ensuite capable de la restituer.

Apprenez-lui également à être discret, afin de ne pas perturber la classe ou distraire ses voisins.

ÉCRIRE SANS RÉFLÉCHIR

Écrire sans réfléchir représente le but à atteindre pour votre enfant.

Il fonctionne ainsi à sa façon, en laissant son cerveau faire son travail tout seul.

C'est bien à partir du moment où il cherche à contrôler ce qu'il fait qu'il n'est plus en mode intuitif et se trompe.

Pour ce faire, il vous faut lui apprendre à se recentrer sur lui-même, en utilisant une image mentale.

Demandez à votre enfant de fermer les yeux et de visualiser quelque chose qu'il aime, qui lui fait plaisir, une couleur, un objet, un doudou…

Lorsque votre enfant le visualise bien, demandez-lui d'ouvrir les yeux et d'écrire tout en gardant son objet en tête.

Faites-le écrire également.

ÉCRIRE AVEC DU SENS (CARTE POSTALE, RÉSUMÉ, LETTRE, EXPOSÉ)

Caroline me disait ne pas voir l'intérêt de la dictée.

Tant qu'en effet elle n'y trouvera pas du sens, elle ne réussira pas à produire un résultat satisfaisant, alors même qu'elle réussit chacune des étapes prises isolément.

Demandez alors à votre enfant d'écrire quelque chose qui ait du sens pour lui, et donc de faire ce que les enseignants appellent une production d'écrits.

La différence sera qu'elle est librement consentie, et que votre enfant est donc motivé pour le faire.

Ce peut être écrire une carte postale, ou une lettre, écrire un exposé à faire devant la classe, écrire une histoire ou une BD qu'il aura envie d'illustrer, un poème à offrir à la maîtresse pour Noël ou la fin de l'année…

S'il fait des fautes, mettez à sa disposition, et aidez-le à les utiliser, les outils dont il a besoin pour les corriger.

LE BON MATÉRIEL

Votre enfant aime jouer, jouer avec son matériel ou jouer tout court.

Il est une invention merveilleuse : celle du stylo gomme.

Ainsi les enfants peuvent se corriger en conservant une page propre.

Certes.

Mais les enfants précoces vont avoir tendance à gommer pour gommer : pour le plaisir, et donc commettre beaucoup plus d'erreurs.

Obligez-les à utiliser un stylo qui ne s'efface pas et cela obligera leur cerveau à faire attention à ce qu'ils écrivent : ne pouvant ni raturer ni gommer, ils sont obligés d'écrire sans fautes s'ils veulent que leur travail ait une belle présentation.

QUESTION 24

Jacques et André sont à la kermesse de leur école.

☐ a) André n'aime pas les chewing-gums. Il n'a jamais fait attention au fait que de nombreux autres enfants en mâchent toujours un.

☐ b) Jacques n'aime pas les sodas. Il a toujours eu l'impression d'être un peu « à côté » des autres : « Pourquoi je suis le seul à ne pas aimer les sodas ? »

LES MOTS DANS L'AIR

Apprendre les mots est un exercice que votre enfant réussira plus facilement s'il fait intervenir plus d'une modalité.

Demandez à votre enfant de lire le mot qu'il doit apprendre, puis de l'écrire dans l'air, avec son doigt, ou mieux encore avec un pointeur laser, tout en l'épelant.

Il en garde ainsi une trace mnésique multiple : visuelle, auditive, kinesthésique… ce qui lui en facilitera la restitution.

LES MOTS DE HAUT EN BAS

Il apparaît fréquemment que l'enfant précoce montre des difficultés à écrire de gauche à droite.

Certains ont ainsi une position qui s'apparente à celle des gauchers, le poignet recourbé au-dessus du stylo.

Si c'est le cas de votre enfant, vous l'aiderez en lui faisant écrire ses mots de vocabulaire verticalement, soit lettre à lettre, pour un petit mot, soit syllabe par syllabe, pour un mot plus complexe.

Une fois cela fait, vous pouvez lui faire réécrire son mot horizontalement.

J		
A		VA
U	ou	CAN
N		CES
E		

LE TRAIN DU NOM ET DU VERBE

Les enfants savent spontanément utiliser un verbe et un nom. Pour leur faire prendre conscience de leur utilité respective, demandez-leur de raconter une histoire sans employer de nom.

Puis demandez-leur de parler sans utiliser de verbe, puis, enfin, de parler le langage «petit nègre», c'est-à-dire sans le décliner.

Votre enfant perçoit alors ses capacités de nuancer un propos et la précision de sa pensée.

Nom et verbes étant toujours intimement liés, vous pouvez lui visualiser les deux sous forme d'un train. Le verbe en est la locomotive, le nom se trouve dans le wagon de passagers.

L'adjectif correspond à l'histoire que vit le nom, comment le passager est habillé, s'il va au wagon-restaurant, ce qu'il y commande, avec qui il se trouve :

Le complément est représenté par le wagon de marchandises.

SÉQUENCER LES PHRASES

La structure d'une phrase est relativement simple et toujours la même.

Utilisez des diagrammes, donc des images visuelles, que votre enfant retiendra plus facilement.

Les diagrammes de Conway correspondent par exemple à une représentation graphique de la grammaire.

La phrase est alors représentée, comme dans le train précédent ainsi :

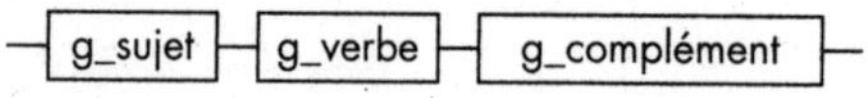

Dans lequel on pourrait préciser :

le groupe sujet

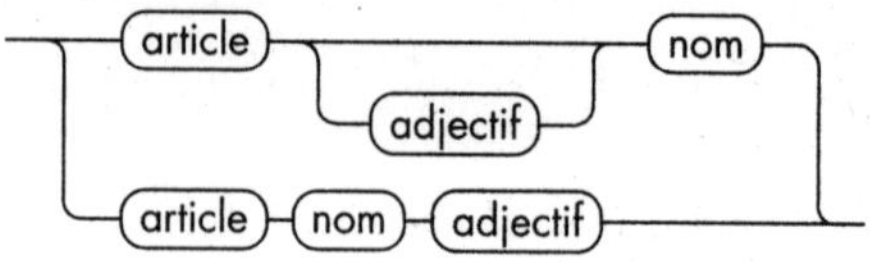

le groupe verbe

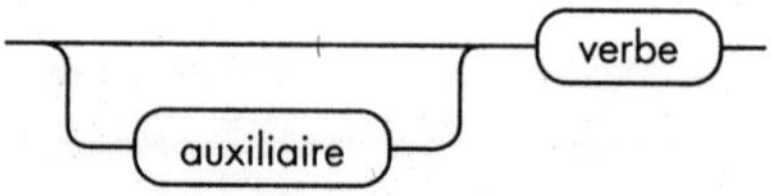

le groupe complément

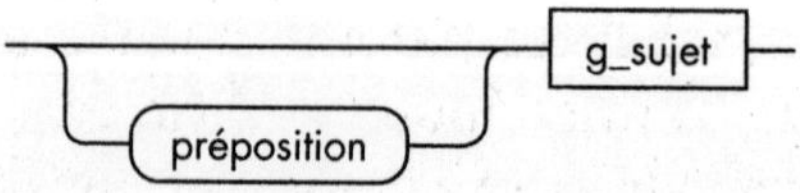

Si l'on souhaite représenter une phrase entière, commencez par juste nom et verbe :

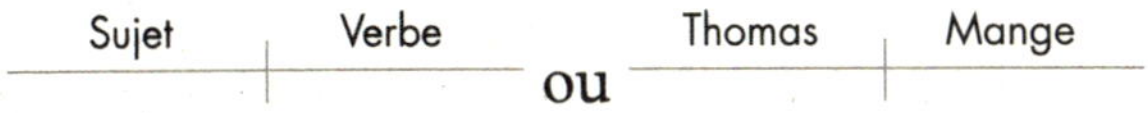

Ajoutez ensuite les adjectifs.

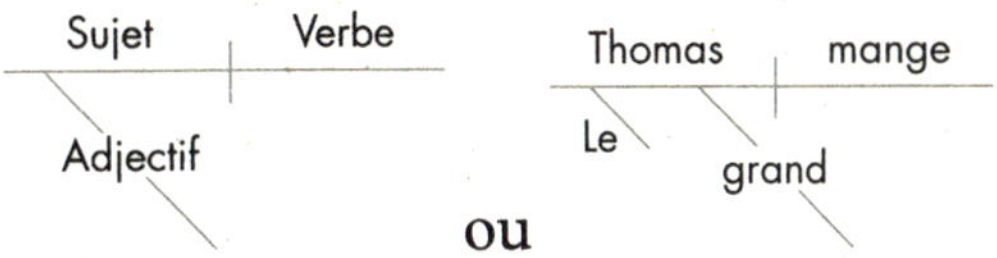

Le grand Thomas mange.

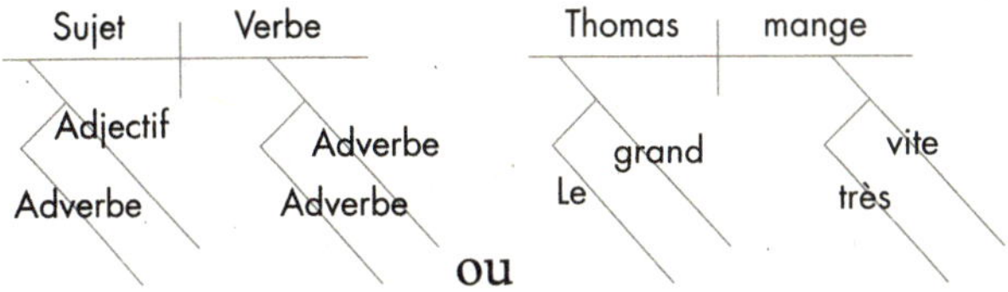

Le grand Thomas mange très vite.

Si l'on rajoute maintenant le complément :

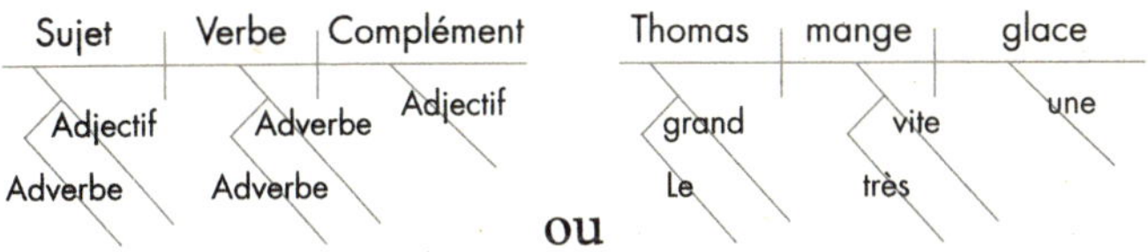

Le grand Thomas mange très vite une glace.

Pour que ces schémas parlent à votre enfant, faites chaque élément d'une couleur différente : les lignes (horizontales, verticales et diagonales) en bleu, les mots constitutifs de la phrase (sujet et verbe) en rouge, les compléments (adjectifs et artciles) en violet, et ainsi de suite au fur et à mesure où vous descendez dans l'arborescence.

DES RESSOURCES POUR LE FRANÇAIS

De nombreux sites existent qui proposent des ressources exploitables par tous.

Certains sont faits par des enseignants. D'autre part les manuels scolaires eux-mêmes.

Deux me semblent particulièrement pertinents, de par les cartes de règles qu'ils utilisent, et du fait qu'ils proposent des dictées en ligne, que votre enfant peut corriger lui-même :

- ORTH : http://www.orth-hatier.com/.
- Le Bescherelle : http://www.bescherelle.com/dictees.php.
- Un site suisse, proposant une multitude d'outils : http://www.gre10.ch. Voir la rubrique « documents ».
- Un logiciel « graphoville » créé en partenariat avec la commission européenne pour apprendre facilement que vous trouvez en téléchargement gratuit en cherchant « logiciel graphoville » dans votre moteur de recherche.
- La planète des alphas : http://www.lesalphas.net/.
- Le « dictionnaire Eurêka » pour trouver soi-même l'orthographe des mots, assortis du « Bingo » pour les règles, aux éditions De Boeck.

24
L'écriture

L'écriture est souvent le parent pauvre des travaux scolaires de l'enfant précoce.

Il s'agit d'un domaine qu'il investit peu.

D'une part, car sa pensée est plus rapide que son geste.

D'autre part, car cela ne l'intéresse pas ou peu.

Enfin, l'importance qu'il accorde au sens ne peut se plaire au détail que représente l'écriture pour lui.

Il a donc du mal à écrire et souvent il est lent et ne termine pas dans les temps.

POURQUOI ÉCRIRE BIEN ?

De par sa pensée globale, l'enfant précoce perçoit le sens de la phrase et ne s'intéresse que peu à sa structure syntaxique ou à son apparence.

Faites-lui prendre conscience de ces deux aspects et il investira l'écriture plus facilement.

Écrivez deux textes, l'un d'une écriture illisible, l'autre lisiblement et rempli de fautes de grammaire et d'orthographe.

Demandez à votre enfant de lire les deux et de vous en restituer sa compréhension.

Celle-ci sera forcément quasi nulle.

Réécrivez les deux textes, lisiblement et sans fautes et recommencez.

Votre enfant percevra immédiatement le pourquoi de l'écriture.

QUESTION 25

Tim et Roxane sont ensemble depuis cinq ans. En grande section, ils avaient fait un élevage d'escargots.

☐ a) Tim en parle à son amie : il se souvient de tout le contexte, du nombre d'escargots qu'il avait apporté, de ce qu'ils mangeaient et à quoi ressemblait l'aménagement de l'aquarium.

☐ b) Roxane se souvient qu'ils avaient étudié les escargots.

LE BON MATÉRIEL

Dès le CP, offrez-lui un stylo-plume : cela aura plusieurs effets.

Premièrement, cela le flattera car il sera l'un des seuls à disposer de ce stylo.

Deuxièmement, le stylo-plume impose de mieux former ses lettres, sinon l'encre ne coule pas.

Nous savons combien ces enfants sont sensibles à leurs affaires de classe, aussi choisissez ensemble un stylo qui lui plaise. N'hésitez pas à le changer régulièrement : le plaisir et la joie de la nouveauté n'en seront que plus motivants et efficaces.

N'hésitez pas non plus à lui donner plusieurs couleurs d'encre. Il en changera ainsi au gré des jours et de son humeur.

Cela lui fournira également un dérivatif, un outil pour s'occuper lorsqu'il aura besoin de faire autre chose.

ÉCRIVEZ AVEC LUI

Imiter est plus facile que copier.

Aussi montrez-lui comment bien former ses lettres, et demandez-lui de vous imiter.

Tenez-lui la main, pour lui faire prendre conscience du mouvement approprié.

Vous pouvez aussi lui faire faire le mouvement en plus gros dans les airs, en tendant le bras ou en vous servant d'un pointeur laser.

N'hésitez pas à utiliser différents médiums pour tracer ses lettres (peinture à doigts, marqueur, pastels, pâte à modeler, sable ou terre humide, craies…).

Vous pouvez enfin changer sa position et le faire écrire allongé sur le sol : cela renforcera ses muscles dorsaux et lui permettra de penser à autre chose.

LA CALLIGRAPHIE

La calligraphie représente un bon moyen de s'approprier l'écriture, et de «faire des lignes».

C'est une activité à la fois ludique et artistique qui correspond au besoin visuel de votre enfant.

Le plaisir de dessiner effacera le déplaisir d'écrire.

Enfin la calligraphie comporte une dimension historique que vous pouvez explorer: invention de l'alphabet, invention de l'écriture, de ses supports, jusqu'à l'invention de l'imprimerie, de la machine à écrire, de l'ordinateur et de son imprimante.

LES LETTRES DESSINÉES

Votre enfant aime dessiner mais n'aime pas écrire.

Demandez-lui de dessiner ses lettres. Que chacune devienne un petit personnage qui lui raconte son histoire, et qu'il personnalise chaque fois qu'il l'écrit.

Par exemple :

25

L'histoire, la géographie et les sciences

L'histoire et la géographie ne sont souvent pas considérées comme du travail par les enfants précoces : de même que les sciences, ils correspondent plus à des récits, à des connaissances générales et à une découverte du monde, tout en étant enseignées de manière moins formelle. Les enfants précoces montrent donc moins de difficultés dans ces matières.

Il n'est pas rare qu'étant justement des connaissances accessibles par des biais autres que l'école (télévision, y compris dessins animés, livres, revues...) les enfants en possèdent une grande partie.

Ce sont également des domaines pour lesquels l'approfondissement et l'enrichissement sont aisés : par l'intermédiaire d'énigmes, de romans, de bandes dessinées, de visites au musée ou simplement de voyages ou de week-end.

LES PAYS SUR MON CORPS

Localiser les pays géographiquement n'est pas toujours simple.

Utilisez les différentes parties du corps de votre enfant, comme correspondant chacune à un pays : la France, le torse ; l'Allemagne, le bras gauche ; l'Italie, la jambe gauche ; l'Espagne, la jambe droite et le Portugal, le pied droit ; l'Angleterre, le bras droit ; le cou, la Belgique ; la tête, les pays nordiques.

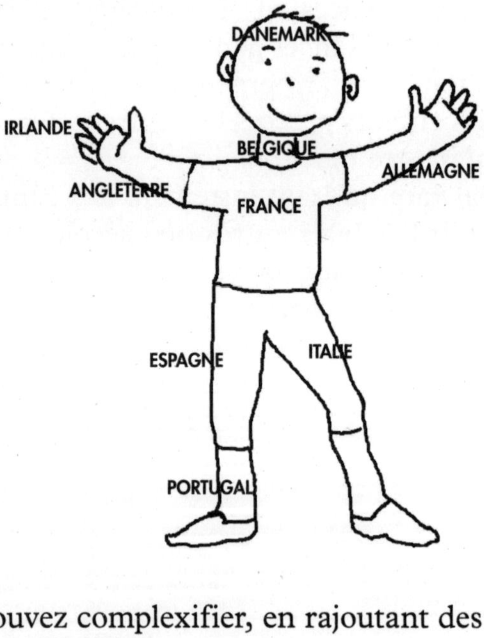

Vous pouvez complexifier, en rajoutant des pays pour les oreilles, les cheveux, les doigts… selon le niveau de connaissances de votre enfant.

LE TOUR DU MONDE

Prenez un grand cahier, que vous aurez pris soin évidemment de choisir au goût de votre enfant et construisez un tour du monde à votre façon.

Commencez par dessiner un planisphère sur lequel vous pourrez ajouter un drapeau à chaque pays visité, la visite se faisant au propre comme au figuré.

Une visite de pays peut simplement consister en une histoire lue ou en un déjeuner dans un restaurant chinois : vous en profiterez alors pour demander comment l'on dit « bonjour » et « au revoir », par exemple, puis pour trouver des images et des informations sur le pays. Les agences de voyages sont des mannes pour cela, avec leurs catalogues que vous pourrez découper.

Faites ainsi une page par pays, par continent, selon votre inspiration, à la manière d'un carnet de voyage.

FAIRE DU LIEN AVEC LES SORTIES

Sortez de la routine, et proposez régulièrement à votre enfant des sorties, qui sont non seulement enrichissantes par elles-mêmes mais qui peuvent également permettre de compléter les notions abordées en classe.

Des musées comme le palais de la Découverte à Paris, Vulcania en Auvergne ou tous les musées archéologiques sont des endroits merveilleux où votre enfant aura les yeux qui brillent.

Allez au Louvre dans les salles mésopotamiennes lorsque votre enfant étudie l'invention de l'écriture et vous verrez son enthousiasme devant les problèmes de mathématiques gravés sur des tablettes.

Inscrivez-le à un atelier (pas forcément une série, car il ne faut pas tomber dans la routine) sur le tournage d'un film sur la préhistoire.

Tous les musées aujourd'hui, quels que soient le domaine et le lieu, proposent des ateliers très bien conçus.

Qu'il s'agisse de la découverte des étoiles, du corps humain, de l'histoire du monde ou de la formation des continents, soyez assuré que votre enfant y trouvera son compte.

QUESTION 27

Agnès et Dominique lisent un livre d'histoire.

☐ a) Agnès le lit d'un bout à l'autre. Elle est concentrée et rien ne la dérange.

☐ b) À chaque page, Dominique s'interrompt dans sa lecture, une phrase qu'il a lue l'interpellant et l'obligeant à aller chercher la réponse dans un autre livre. Une idée en entraîne une autre et il se retrouve à lire trois livres à la fois.

DES RESSOURCES POUR L'HISTOIRE, LA GÉOGRAPHIE ET LES SCIENCES

- L'excellente collection de *Lucie la Luciole* : http://www.lucielaluciole.fr/.
- Le site de France Télévisions, une mine de ressources, des vidéos, des jeux en ligne : http://education.francetv.fr/.
- http://www.jerevise.net/.
- L'Association nationale des sites de culture scientifique, technique et industrielle : http://www.ccsti.fr/.
- Rendez-vous sur le site du CNES (cnes.fr) et entrez comme recherche : « lieux de culture scientifiques ».
- Les séries « il était une fois » : http://www.hellomaestro.fr/.

26

Pour les enseignants

Une partie des enfants précoces poursuivra sa scolarité sans heurts.

Un bon tiers se retrouvera en échec scolaire.

La moitié des enfants précoces identifiés a des problèmes scolaires que l'enseignant n'arrive pas à résoudre.

Mais tous, identifiés ou non, conserveront ce fonctionnement particulier toute sa vie.

UN ÉTAT D'ESPRIT

« Il faut qu'il s'adapte, car le monde est fait de gens plus ou moins rapides, et donc à lui d'attendre les plus lents », me disait encore hier cette enseignante du primaire.

Non et mille fois non !

Qu'il s'adapte, certes !

Mais qu'on lui fournisse le mode d'emploi pour qu'il fonctionne à sa manière, et ne rentre pas dans un moule en se contorsionnant de telle sorte qu'il soit à contre-courant de lui-même.

Qu'il s'adapte, oui, oui et encore oui, mais pas en aliénant sa personnalité, au contraire en tirant parti de son mode de fonctionnement, donc en le connaissant.

Il ne faut surtout pas attendre qu'il se trouve en difficulté pour lui fournir les outils dont il a besoin, mais au contraire l'anticiper afin que cela ne se produise pas.

Répondre aux besoins de ces jeunes profite à tous les autres.

Une enseignante de CM1, comprenant qu'une de ses élèves avait besoin de sens pour être plus efficace, me le disait : « Désormais je donne du sens à chaque exercice, en expliquant à quoi il sert, et dans quel contexte il se place ; c'est bien pour elle, mais c'est bien aussi pour tous ! »

Souvent les enseignants sont, au premier abord, réticents, se disant que cela leur demandera beaucoup de travail en plus. Alors qu'ils sont, dans leur grande majorité, déstabilisés lorsqu'ils ne peuvent pas aider un enfant en difficulté et volontaires.

Or les aménagements pédagogiques pour les enfants précoces peuvent facilement être mis en œuvre : expliciter le sens d'un exercice ne demande aucun travail supplémentaire, juste un état d'esprit un peu différent.

QUESTION 28

Sur les bulletins d'Aurélie et de Jean-Luc, CE2, on peut lire :

☐ a) « Aurélie est une excellente élève qui s'investit beaucoup dans son travail. Très bonne année. »

☐ b) « Jean-Luc est intéressé et intéressant : on en profite ! Très bonne année. Il faut encore faire un effort en soin et en écriture. »

Pour mettre cela en œuvre, il faut d'abord comprendre leur fonctionnement spécifique, en quoi il a des répercussions et lesquelles sur le fonctionnement scolaire et, enfin, ce qui est lié au système scolaire proprement dit.

Il faut, par exemple, avoir conscience que l'enfant précoce peut être déçu par l'école dont il attendait beaucoup ; que l'école a du mal à individualiser son enseignement, qui est également très répétitif; et surtout une méconnaissance du fonctionnement de ces enfants.

QUE SAVOIR ? QUE FAIRE ?

Bien que présentant de remarquables capacités intellectuelles, les comportements et les performances des enfants précoces ne sont pas toujours ceux que l'on pourrait attendre au vu de leur très bon développement intellectuel.

► Il ne présente pas les mêmes implicites :

Hugo, au CE1, me disait en me montrant son fichier de maths qu'il ne savait pas ce qu'il devait faire.

La consigne était : « remplir les trous. » Présenté ainsi, c'est évidemment abscons… En fait, il s'agissait d'effectuer des additions à trous… Pour le comprendre, il fallait tenir compte de l'implicite qui était « nous étudions les additions », « il y a des égalités incomplètes, avec des + et des = », donc « je dois faire le calcul ». Je me souviendrai toujours de la tête de ce petit garçon qui me dit alors : « Pourquoi n'ont-ils pas écrit "fais l'addition" ? »

Il est donc indispensable de clairement expliciter ce que vous attendez de lui, et sous quelle forme.

Pour être certain qu'il a bien compris, demandez-lui de reformuler la consigne.

Ce qui est une technique utile à tous, car de nombreux enfants ne lisent pas la consigne.

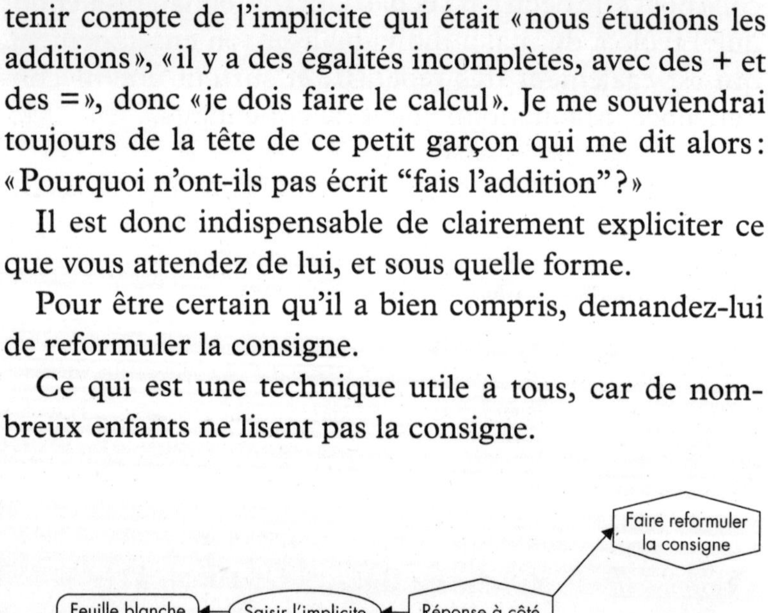

► Il peut répondre à côté :
« Que peux-tu dire de Charlemagne ? – Je l'aime bien, il a l'air gentil ! »
Ce n'est pas de l'insolence, car il a répondu littéralement en donnant son avis.

► Il peut ne pas donner de réponse ou répondre qu'il ne sait pas.
La réponse qui lui vient est trop évidente pour être celle que l'enseignant attend. À la question : « À quoi sert le système digestif ? », il ne peut certainement pas répondre « À digérer », c'est simpliste, et la maîtresse qui est intelligente ne peut pas attendre cette réponse. Alors il réfléchit, et ne trouve pas d'autre réponse, donc il répond qu'il ne sait pas.

► Il peut avoir des difficultés à structurer sa pensée, à l'ordonner et à faire des choix.
Sa pensée divergente (par association d'idées) lui donne de nombreuses informations, et la rapidité de son traitement conduit à une difficulté à séquencer les idées et à expliciter ses solutions.
Il faut alors l'aider en lui faisant faire des cartes conceptuelles, en le faisant commencer par la fin pour redescendre les étapes l'une après l'autre, ou en le faisant expliquer à un camarade.

L'enfant surdoué a surtout besoin d'un guide précis qui lui indique la manière de faire qui est attendue de lui. Alors seulement pourra-t-il s'adapter et faire ce que vous lui demandez.

COMMENT SAVOIR ?

Voici plusieurs grilles[1] pour vous aider à observer un enfant pour lequel vous vous posez des questions sur une éventuelle précocité.

Les observations que vous y portez sont directement observées en classe, mais également le reflet de ce que les parents vous disent.

Il n'est en effet pas rare que les enfants précoces soient différents à l'école et à la maison.

Les devoirs sont par exemple meilleurs à la maison, car il leur est loisible de les faire en discutant, se levant, écoutant la musique…, ce qui ne leur est pas permis en classe.

Aussi ne focalisez pas sur un point que vous ne verriez pas, mais qui vous est reporté par une tierce personne.

Cela ne remplace évidemment pas une évaluation menée par une personne compétente.

L'enfant que vous observez dans votre classe :	**Date :**	**Réponse de 0 à 10** **0 = pas du tout** **10 = beaucoup**
aime savoir mais n'aime pas toujours apprendre		I-I-I-I-I-I-I-I-I-I-I 0 5 10
possède un vocabulaire riche, est très à l'aise à l'oral		I-I-I-I-I-I-I-I-I-I-I 0 5 10
possède un certain sens de l'humour		I-I-I-I-I-I-I-I-I-I-I 0 5 10
rêve ou s'agite quand il s'ennuie		I-I-I-I-I-I-I-I-I-I-I 0 5 10
a du mal à gérer ses émotions		I-I-I-I-I-I-I-I-I-I-I 0 5 10
a toujours besoin de savoir pourquoi		I-I-I-I-I-I-I-I-I-I-I 0 5 10

1. Tableau publié par le groupe «précocité» de la direction des services départementaux de l'Éducation nationale du Val-d'Oise. Grilles publiées par le groupe «précocité» de l'académie de Nice.

recherche les relations avec des enfants d'un âge différent du sien ou avec des adultes		I-I-I-I-I-I-I-I-I-I-I 0 5 10
évite le passage à l'écrit et peut se bloquer		I-I-I-I-I-I-I-I-I-I-I 0 5 10
est ennuyé par les activités de routine (tâches répétitives et lui paraissant faciles)		I-I-I-I-I-I-I-I-I-I-I 0 5 10
exprime trop facilement ses opinions sur les autres		I-I-I-I-I-I-I-I-I-I-I 0 5 10
manque de rigueur, de méthode, d'organisation		I-I-I-I-I-I-I-I-I-I-I 0 5 10
trouve les réponses sans pouvoir toujours les expliciter		I-I-I-I-I-I-I-I-I-I-I 0 5 10
se mobilise selon l'intérêt qu'il porte à l'activité, montre une attention sélective		I-I-I-I-I-I-I-I-I-I-I 0 5 10
est curieux, s'intéresse à des grands thèmes comme l'univers, la vie... et pose beaucoup de questions qui ne sont pas de son âge		I-I-I-I-I-I-I-I-I-I-I 0 5 10
se montre perfectionniste		I-I-I-I-I-I-I-I-I-I-I 0 5 10
donne des réponses de façon impulsive (étourderie, réalisation bâclée...)		I-I-I-I-I-I-I-I-I-I-I 0 5 10
est créatif et peut avoir un sens artistique développé		I-I-I-I-I-I-I-I-I-I-I 0 5 10
manque de confiance en lui		I-I-I-I-I-I-I-I-I-I-I 0 5 10
préfère travailler seul		I-I-I-I-I-I-I-I-I-I-I 0 5 10
manifeste de l'inquiétude et de l'anxiété		I-I-I-I-I-I-I-I-I-I-I 0 5 10
peut être rejeté par les autres car perçu différemment		I-I-I-I-I-I-I-I-I-I-I 0 5 10
a une excellente mémoire		I-I-I-I-I-I-I-I-I-I-I 0 5 10
aime la complexité (jeux de stratégie, activités d'apprentissage...)		I-I-I-I-I-I-I-I-I-I-I 0 5 10
est d'une étonnante perspicacité quand quelque chose l'intéresse		I-I-I-I-I-I-I-I-I-I-I 0 5 10
peut manquer de persévérance		I-I-I-I-I-I-I-I-I-I-I 0 5 10
se montre hypersensible à son environnement, aux autres, à l'injustice		I-I-I-I-I-I-I-I-I-I-I 0 5 10
peut contester les règles ou être opposant		I-I-I-I-I-I-I-I-I-I-I 0 5 10
comprend souvent les choses au premier degré		I-I-I-I-I-I-I-I-I-I-I 0 5 10

11 INDICATEURS POUR L'ÉCOLE MATERNELLE ÉVOCATEURS D'UNE PRÉCOCITÉ INTELLECTUELLE

1. Il/elle vient à l'école **avec réticence** (les premières semaines de rentrées passées).
2. Il se bouche souvent les oreilles et supporte mal le bruit (bruit de groupe, musique, magnétophone…).
3. Il a tendance à observer les autres avant de s'investir, et **n'adhère pas aux rituels** et aux activités répétitives en général.
4. Il **donne l'impression de ne pas s'investir** lors de certaines activités qui mobilisent peu la réflexion ce qui peut l'amener jusqu'au blocage.
5. Il est **en demande d'apprentissages** qui ne correspondent pas à son niveau de scolarisation.
6. Il peut se mettre **en retrait**, voire même refuser d'aller à l'école si son désir d'apprendre n'est pas satisfait.
7. Il ne se conforme pas aux consignes dès lors qu'elles sont dénuées de sens ou d'intérêt pour lui.
8. Il exprime **avec précision** des idées, des sentiments, des jugements qui ne correspondent pas à son âge. Il peut aussi rester mutique.
9. Il peut présenter une **discordance marquée** entre ses productions orales et écrites (ex. : difficultés en graphisme). Il peut présenter aussi des symptômes laissant envisager des troubles relevant du champ des troubles spécifiques des apprentissages.
10. Il est plus à l'aise avec les adultes qu'avec les enfants de son âge et peut avoir une attitude protectrice vis-à-vis des enfants plus jeunes ou en difficulté.
11. Il peut avoir une **difficulté d'intégration dans le groupe**, des problèmes de comportement, des troubles de l'humeur ou anxieux, une tendance à la **somatisation** (mal au ventre, mal à la tête).

11 INDICATEURS POUR L'ÉCOLE ÉLÉMENTAIRE ÉVOCATEURS D'UNE PRÉCOCITÉ INTELLECTUELLE

Si vous remarquez un ou plusieurs de ces comportements en classe ou à l'extérieur, il est envisageable de poser l'hypothèse d'une précocité intellectuelle. De toute façon, nous parlons d'un enfant qui interroge, inquiète, dérange, éblouit…

1. Il **est curieux** mais sans forcément approfondir ce qu'on lui demande.
2. Il aime **inventer, découvrir**, et se caractérise par une capacité d'investissement très forte.
3. Il a **l'esprit critique** mais peut devenir impertinent.
4. Il **comprend vite** mais il peut décrocher aussi vite et déranger.
5. Il est **intuitif par fulgurance** et pas toujours sur les thèmes demandés.
6. Il a une **bonne mémoire** de ce qui l'intéresse.
7. Il aime apprendre, mais il a la **routine en horreur**.
8. Il peut être jugé suffisant, autoritaire, impulsif, indiscipliné – On comprendra que souvent ce sont des réactions de prestance dans des situations que l'enfant ne contrôle pas.
9. Il est avide, boulimique de connaissances, **pas forcément celles attendues**.
10. Il a le sens de **l'humour** même si…
11. Il préfère l'oral à l'écrit et peut présenter des symptômes relevant du champ des TSA tout en compensant ses difficultés.

QUELLES AIDES INSTITUTIONNELLES ?

Depuis plusieurs années maintenant, les enfants précoces sont identifiés par le ministère de l'Éducation comme des « enfants à besoins éducatifs particuliers ».

À ce titre, vous vous devez de les prendre en considération, même, et surtout, s'ils ne rencontrent pas (encore) de difficultés. Il est de votre devoir de les aider en leur fournissant les outils dont ils ont besoin.

Un référent « enfant précoce » existe dans chaque académie, et de nombreux groupes de travail et de réflexion ont été mis en place pour vous accompagner et vous aider.

DES RESSOURCES POUR LES ENSEIGNANTS

- Le très bon livre de Susan Winebrenner : *Enseigner à des élèves à haut potentiel intellectuel dans une classe hétérogène. Stratégies et attitudes pour tous les enseignants face aux besoins scolaires des élèves à haut potentiel intellectuel* aux Éditions Creaxion (1er mars 2008)
  Les fiches sont téléchargeables et imprimables.
- Le « module d'autoformation » du ministère, à destination des enseignants, en ligne depuis septembre 2013 sur Eduscol. Sur le site Eduscol, entrez « élèves intellectuellement précoces » dans le moteur de recherche.
- Un guide, pour les enseignants, réalisé par la commission EIP de l'académie de Versailles. Vous le trouverez à la rubrique « Val d'Oise ». Entrez dans votre moteur de recherche « dsden95 » puis, une fois sur le site du Val d'Oise, « précoce ».
- Un dossier élaboré par l'académie de Nice, anticipant vos questions et y répondant et proposant de nombreuses pistes.
- De nombreuses pistes recensées par l'académie de Montpellier.
- Une charte de scolarisation des enfants précoces en classe régulière sur l'académie de Versailles.
- Sur l'académie de Lyon, avec notamment des livres pour les enfants.
- Un guide réalisé par le référent enfant précoce de la Réunion.
- Une excellente présentation faite dans l'académie de Strasbourg.

- Une excellente brochure à usage des enseignants éditée par le canton de Neuchâtel.
- Enseigner aux élèves à haut potentiel, une brochure de la Fédération de Wallonie Bruxelles.
- Les ressources du ministère de l'Éducation nationale.
- Vous trouverez toutes ces ressources en cherchant le site de l'académie en question puis en saisissant «enfant intellectuellement précoce» ou «eip» ou «précoce» ou «haut potentiel» dans la barre de recherche.

Et après

Le fonctionnement d'un enfant précoce est finalement assez simple à comprendre. Il ouvre ses antennes pour capter des informations dans le monde qui l'entoure. Il laisse son cerveau les traiter en bruit de fond. Lorsque le puzzle est assemblé, le résultat est disponible et conscient.

Tout cela serait effectivement simple si tout le monde fonctionnait ainsi.

Cela sera simple lorsque votre enfant aura pris conscience de ce fonctionnement particulier : il le sait, le sent, mais voyant les autres faire autrement, il ne le laisse pas s'exprimer.

Il lui faudra du temps, le temps de grandir pour arriver à percevoir et intégrer la globalité du monde qui l'entoure pour finalement s'y sentir bien.

Faites-lui confiance

Votre enfant a besoin de votre confiance.

D'une part, comme tous les enfants, car il la mérite. Mais encore plus lui qui a besoin de s'appuyer sur qui il est pour en tirer parti.

Vous êtes là pour l'accompagner dans cette différence, vous en avez les outils.

Avec votre confiance et sachant que vous le soutenez, quoi qu'il arrive, que votre amour est inconditionnel, il sera dès lors capable de s'écouter et d'aller de l'avant.

J'en ai assez d'être différent !

Il n'est agréable pour personne d'être différent.

Encore moins pour un enfant.

Il sera malheureusement impossible à votre enfant d'être comme les autres.

Un gaucher ne devient pas droitier, sauf à être contrarié, ce qui va à l'encontre de l'épanouissement.

Tous les adultes, les jeunes et les enfants que je reçois me disent la même chose : « J'en ai assez d'être différent ! »

Je le comprends. Et je n'ai pas de solutions. Il faut accepter cette différence, car elle est porteuse de nombreuses qualités, et l'assumer, sans forfanterie et avec simplicité, comme les différences que nous portons tous en nous, la couleur des yeux et des cheveux, la taille, les goûts…

Je n'ai pas de baguette magique sur ce sujet, et je crois qu'il faut laisser le temps faire son œuvre.

Par contre, vous pouvez essayer de le raccourcir en demandant à votre enfant de faire une liste des « pour » et des « contre » à être ainsi… tout en l'aidant à ce que cela bascule évidemment du bon côté !

Il a raison de ne pas faire

Le principe du raisonnement intuitif est de le laisser faire, à son insu, en bruit de fond.

Pour que le raisonnement aboutisse, deux composantes sont nécessaires : chercher toutes les informations (voire plus) nécessaires ; les laisser s'amalgamer. Alors la solution surviendra, seule, sans autre nécessité que la motivation pour que le cerveau agisse.

Ainsi, si aucune solution ne vient, c'est que quelque chose cloche : il manque des informations ou le raisonnement n'est pas terminé.

Si votre enfant s'oblige alors à faire ce qui lui est demandé, le résultat sera mauvais, médiocre, ou le raisonnement poussif et laborieux: il a donc raison d'attendre.

Dites-vous bien cependant que cela est à mettre en balance avec le fait qu'il soit un enfant et n'ait pas forcément envie de faire ce qu'il doit.

Apprenez-lui à s'écouter

L'écoute est le reflet de l'utilisation de l'intuition: ce sera le meilleur ami de votre enfant devenu grand.

Il est difficile de s'écouter lorsqu'on est un enfant de par les nombreuses sources contradictoires, les demandes de l'entourage et des adultes, et les envies qu'il manifeste.

Cela lui demandera donc un certain temps, mais au fond de lui il sait qu'il a raison et que cela fonctionne mieux quand il s'écoute.

Se couper de l'empathie

L'empathie est une qualité remarquable… qui peut tourner au désastre!

Janine me racontait combien dans le métro elle était toujours abordée par des personnes lui demandant des conseils, sans qu'elle n'ait, au préalable, dit le moindre mot.

Clarisse m'expliquait que les foules étaient un enfer, car elle percevait les émotions de chaque personne, se les appropriait et les vivait comme si c'était les siennes.

En grandissant, vous devez apprendre à votre enfant de se couper de son empathie dans certaines situations, celles qui ne nécessitent pas d'être à l'écoute des autres. Pour ce faire, vous pouvez lui expliquer la complémentarité entre rationnel et émotionnel et le faire, dans ces moments, focaliser sur le rationnel. Vous pouvez également lui apprendre à se «fermer» de ses congénères, en ne les «voyant pas» en prenant par exemple un livre, en faisant un jeu sur son téléphone, en écoutant sa musique…

Regarder le résultat

Votre enfant est un enfant «je ne sais pas»: je ne sais pas comment j'apprends, je ne sais pas ce que je sais, je ne sais pas comment je fais!

Pour prendre confiance en lui, il ne doit, encore une fois, pas faire comme les autres, qui regarderont le processus. Lui doit regarder le résultat: «Est-ce que ça marche?» En d'autres termes, est-ce que votre enfant obtient les résultats attendus? A-t-il appris sa leçon? Peut-il réciter sa poésie? A-t-il acquis ce qu'il est censé acquérir?

Oubliez comment il travaille, comment il se concentre, ce que sont ses attitudes, ses comportements et ses manières d'être, oubliez son cheminement, et ne focalisez que sur le résultat.

Arrêter le cerveau

Le cerveau de votre enfant ne s'arrêtera jamais. Par contre, vous pouvez lui apprendre à orienter ses pensées dans une direction positive, constructive et qui lui convient.

Le cerveau est une machine à penser. Si vous ne lui donnez aucune nourriture, il tournera à vide, et ressassera, ratiocinera, et s'épuisera à essayer de créer de la matière avec du néant.

L'arrêter est de ce fait impossible.

Lui donner de la nourriture le fera fonctionner de manière fluide et confortable.

En pratique, cela se traduit par donner une orientation, un projet, un sujet de réflexion. Les pensées prennent alors corps autour de cette direction ce qui rend les choses sereines.

Tout est possible

Tout est possible à votre enfant à condition que cela l'intéresse et qu'il soit motivé.

À ces conditions, il est capable de tout.

Ne le bridez pas dans ses explorations, réelles ou mentales.

Laissez-le imaginer sa vie future comme étant plurielle : Véronique se projetait médecin ou vétérinaire et, en même temps, chef dans un restaurant.

Et pourquoi pas ?

Les adultes à haut potentiel investissent souvent plusieurs domaines, pas forcément dans le même temps, ou pas tous sur le même plan.

Ainsi leur carrière ne suit pas un chemin rectiligne, mais prend plutôt la forme d'un patchwork, d'une constellation dont la planète centrale est le cœur de métier et les satellites différentes activités connexes qui évoluent en fonction de l'environnement, de leur état d'esprit et de leur motivation.

Vision plus riche et plus cohérente avec leur personnalité multifacette.

Dire qui il est

Dire qui il est participe de son acceptation.

Votre enfant pour assumer sa personnalité aura besoin, à un moment ou à un autre, de dire qui il est : de la bonne manière, sans forfanterie, sans prétention ni orgueil.

Juste d'expliciter son fonctionnement pour que ses interlocuteurs puissent en tenir compte : qu'il dise quelque chose du genre « je ne sais pas toujours comment j'aboutis à ce raisonnement, mais, de par mon expérience, de par les réussites que j'ai pu avoir, je sais que ça fonctionne. »

Tout cela ne viendra pas d'un coup, mais gardez ces pistes présentes à l'esprit et petit à petit vous verrez que tout se mettra en place.

Conclusion

J'aurais envie de dire pour conclure qu'idéalement ce livre ne devrait pas exister.

En effet, votre enfant fonctionne normalement et très simplement.

Quoi de plus simple, en effet, que de ne rien faire ou de faire autre chose pour que ce qui vous tient à cœur se fasse tout seul ?

Quoi de moins fatigant et de plus efficace que cela ?

Quoi de plus riche et enrichissant que d'observer le monde et d'en tenir compte, de s'émerveiller devant ses nombreux trésors ?

Quoi de plus harmonieux que de percevoir les émotions de ses congénères pour vivre en bonne intelligence ?

Quoi de plus enthousiasmant que de réussir tout ce que vous entreprenez qui vous plaise et vous motive ?

Tout cela serait simple et devrait véritablement l'être…

… sans les autres !

Ces autres qui vous demandent sans cesse comment vous savez ce que vous dites et d'où vous tirez votre idée.

Ces autres qui vous disent que vous manquez de personnalité parce que vous vous intéressez à tout ce qui vous entoure.

Ces autres qui vous demandent d'expliquer ce qui crève les yeux et est juste une évidence.

Ces autres qui ne voient que les détails et ne croient pas à votre vision globale.

Ces autres qui ne savent malheureusement ne faire qu'une chose à la fois.

Ces autres qui ne se remettent jamais en question, qui vous disent que vous n'allez jamais au bout des choses (quel bout d'ailleurs ?).

Ces autres qui ne s'intéressent qu'à une seule chose et qui vous disent instables quand tout vous interpelle.

Ces autres qui peuvent faire quelque chose sans même savoir pourquoi et plus encore lorsque cela n'a aucun sens pour eux.

Ces autres qui vous demandent de fonctionner comme eux, alors que vous ne leur demandez rien.

Ces autres qui vous demandent de vous adapter à eux, mais qui ne s'adaptent pas à vous.

Ces autres sans qui tout serait simple !

Ces autres, trop nombreux pour que cela puisse être simple !

Pour que tout le soit effectivement, il suffit que chacun reconnaisse et accepte l'autre dans sa différence. Aussi n'essayez pas de diminuer votre enfant en le faisant rentrer dans le moule, mais gardez-lui sa singularité et son individualité sans le singulariser et ne le transformez pas en un intello marginalisé mais laissez-le être un sensible intelligent qui fonctionne à la marge grâce aux clefs dont il a besoin.

Faites des compromis sur les idées que vous aviez de la vie en société, de ce qui se fait et ce qui ne se fait pas.

Acceptez que ce chemin ne soit pas idéal, mais imparfait, que vous traverserez des crises de colère, de frustration, car ni vous ni lui n'êtes parfaits, mais qu'ensemble vous parviendrez à l'accompagner sur son chemin pour qu'il se sente bien à sa place.

Quelques idées en vrac

Ces quelques idées ont pour but de vous aiguiller pour vous aider à emmener votre enfant sur sa voie, c'est-à-dire d'utiliser son imagination et sa créativité, de nourrir sa curiosité, de cultiver son ouverture d'esprit, de l'aider dans ses relations aux autres et de lui montrer que tout est possible à condition d'y croire et d'avoir confiance.

- Une cabane en tissu dans sa chambre (un drap et quelques pinces à linge).
- Une cabane dans un vieux carton, que vous lui laisserez décorer avec quelques autocollants ou de la peinture.
- Un tipi avec quelques bambous (le drap extérieur n'est pas utile : faites confiance à son imagination).
- Une auto dans un carton ou une vieille caisse de vin (les roues sont optionnelles).
- Une carte du monde sur laquelle vous écrivez chaque pays qu'il connaît (du fait d'avoir été dans un restaurant, une exposition, ou vu un film… correspondant).
- Tout ce qui l'ouvre à différentes cultures (DVD, livres…).
- Apporter un fruit du dragon à l'école pour la semaine du goût.
- Profiter du cahier de vie pour décrire toutes ses activités et les lui faire partager en classe par l'intermédiaire de l'enseignant.

- Faire des exposés sur des sujets originaux.
- Se déguiser en princesse ou chevalier pour visiter un château.
- Fabriquer un livre.
- Construire un site web.
- Tenir un journal scrapbooking.
- Réaliser un film.
- Organiser un club de lecture où chaque enfant discute du même livre.
- Organiser un club d'échanges de livres.
- Organiser le club des découvreurs du monde.
- Rédiger un article.
- Aller dans des lieux insolites.
- Utiliser de la pâte à manger au lieu de pâte à modeler.
- Peindre des gâteaux avec de la peinture alimentaire.
- Inventer et laisser inventer des recettes de cuisine.
- Tenir un cahier de recettes.
- Composer et illustrer des histoires en vous servant d'événements locaux, d'illustrations, de musique, d'amis personnels ou de vos personnages fictifs préférés.
- Inventer des chansons pour les différentes situations de la vie quotidienne.
- Chercher des trésors cachés (chez vous ou en extérieur).
- Construire un bonhomme de neige en papier.
- Faire semblant d'être le personnage d'une histoire et jouer l'histoire.
- Créer des faire-part originaux ou bizarres pour les fêtes et anniversaires.
- Imaginer que vous vivez à une autre époque.

- Laisser votre enfant libre de son emploi du temps pendant une journée complète.
- Écrire des lettres à des amis imaginaires.
- Imaginer un voyage fictif.
- Faire le tour du monde en ne quittant pas votre ville.
- Faire un bateau avec quelques morceaux de bois.
- Une voiture avec une boîte d'allumettes et des morceaux de bouchon.
- Transformer une barquette de fraise en voiture.
- Faire germer des haricots ou des lentilles.
- Cultiver un mini-jardin dans une barquette alimentaire.
- Élever des papillons.
- Des films et séries «loufoques»: de Charlot à Fifi Brindacier.
- Des documentaires.
- Tirer parti de chaque film, y compris des dessins animés pour lui permettre d'apprendre (la préhistoire à partir de l'*Âge de glace* par exemple).
- Prendre exemple sur ses héros pour extrapoler leurs comportements au monde réel.

Mes cartes de multiplication

Vous pouvez les utiliser à volonté. Elles sont à photocopier recto verso : sur le recto vous avez le dessin, sur le verso l'histoire. Nous vous les fournissons en noir et blanc, aussi mettez votre enfant à contribution afin qu'il les personnalise : il ne les mémorisera que mieux. Et n'hésitez pas à en inventer d'autres !

Une fois ceci fait, vous n'aurez plus qu'à pratiquer, c'est-à-dire faire des multiplications (en dehors des cartes), afin que les réponses deviennent automatiques.

Deux bonshommes de neige font une bataille de boules de neige. Monsieur 8 perd sa tête. Mais il est content : il va faire de la luge. 8 × 8 = 64

Monsieur 9 et Madame 6 sont contorsionnistes au cirque. Après avoir salué, ils laissent la place au numéro des serpents 9 × 6 = 54

Il fait beau. La petite fille joue dehors avec son cerf-volant. Mais le vent tombe. Il ne reste plus qu'à jouer au yo-yo 6 × 5 = 30

Mes cartes de français

Vous pouvez les utiliser à volonté. Elles sont à photocopier recto-verso : nous vous les fournissons en noir et blanc, aussi mettez votre enfant à contribution afin qu'il les personnalise : il ne les mémorisera que mieux. Et n'hésitez pas à en inventer d'autres !

SI
RÉ

j'ai 8 ans
j'ai un chat
je suis une petite fille

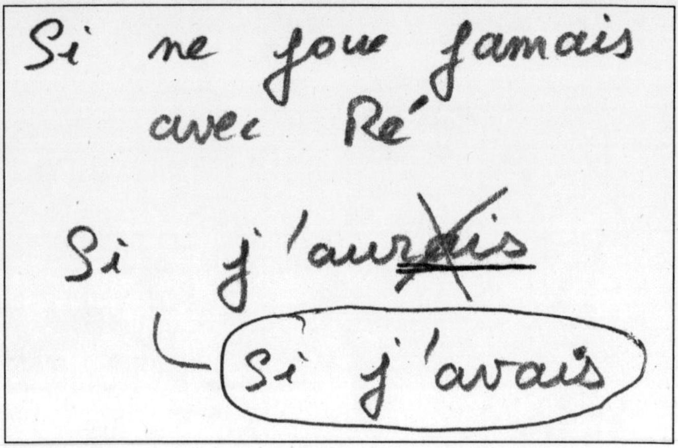
Si ne joue jamais
avec Ré
Si j'aurais
Si j'avais

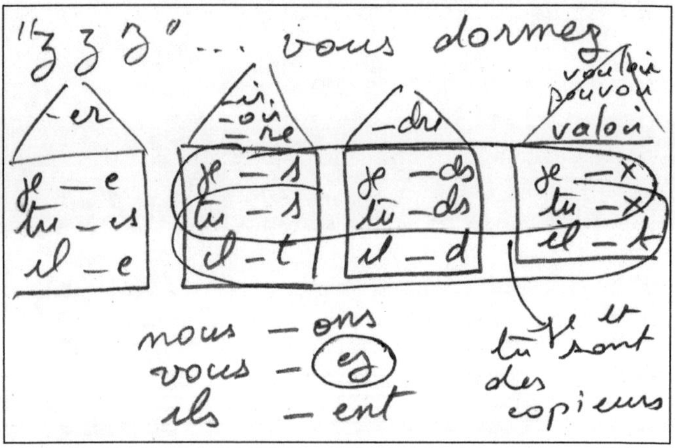
"zzz"... vous dormez
-er
-ir
-oir
-re
-dre
vouloir
pouvoir
valoir
je —e
tu —es
il —e
je — s
tu — s
il — t
je —ds
tu —ds
il — d
je —x
tu —x
il — t
nous — ons
vous — ez
ils — ent
je et tu sont des copieurs

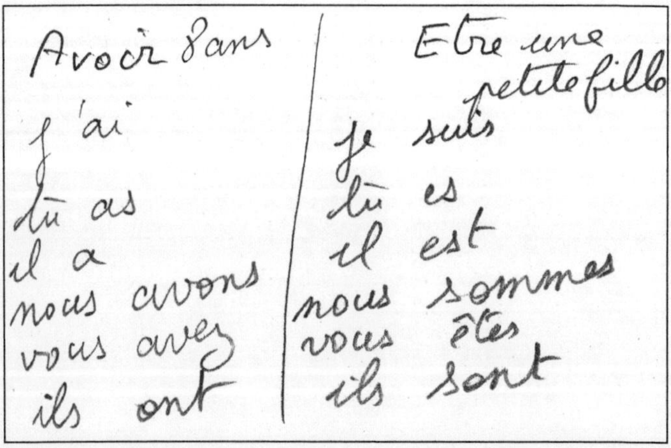
Avoir 8 ans
j'ai
tu as
il a
nous avons
vous avez
ils ont
Etre une petite fille
je suis
tu es
il est
nous sommes
vous êtes
ils sont

Mon test[1]

Grille de réponses

Question	Réponse a)	Réponse b)
1		
2		
3		
4		
5		
6		
7		
8		
9		
10		
11		
12		
13		
14		

Question	Réponse a)	Réponse b)
15		
16		
17		
18		
19		
20		
21		
22		
23		
24		
25		
26		
27		
28		

1. © Béatrice Millêtre.

Grille de dépouillement

Question	Réponse a)	Réponse b)	Question	Réponse a)	Réponse b)
1		▲	15	▲	
2	▲		16		▲
3	▲		17	▲	
4		▲	18		▲
5		▲	19		▲
6		▲	20	▲	
7		▲	21		▲
8		▲	22	▲	
9	▲		23		▲
10		▲	24		▲
11		▲	25	▲	
12	▲		26		▲
13		▲	27		▲
14	▲		28		▲

Comptabilisez le nombre de triangles correspondant à vos réponses.

Résultats

Vous comptabilisez plus de quatorze triangles : votre enfant montre une préférence pour le raisonnement intuitif.

Vous comptabilisez moins de quatorze triangles : votre enfant montre une préférence pour le raisonnement séquentiel.

TABLE

TROISIÈME PARTIE

À l'école

IMPRIM'VERT®

Achevé d'imprimer
en avril 2015
par Corlet imprimeur
14110 Condé-sur-Noireau

Dépôt légal : mai 2015

N° d'impression : 172783
Imprimé en France